Inhalt

9 | Die lieben Kollegen

1 Im Büro

1.1 Was passt? Ergänzen Sie.

gründen – ~~arbeiten~~ – ~~arbeiten~~ – ~~haben~~ – machen – beantworten – ansprechen – nehmen – fertig machen – ~~fahren~~

1. aktuelle Informationen *haben*
2. eine Kollegin *ansprechen*
3. Probleme ~~~~ *machen*
4. eine wichtige Arbeit *fertig machen*
5. E-Mails *beantworten*

6. mit dem Aufzug *fahren*
7. am Computer *arbeiten*
8. die Treppe *nehmen*
9. im Team *arbeiten*
10. eine eigene Firma *gründen*

1.2 Wählen Sie fünf Wortverbindungen in 1.1 aus und schreiben Sie Sätze.

> 1. *Er hat immer aktuelle Informationen.*

2.02 **1.3** Ein Interview mit Jenifer Walton.
Hören Sie und ordnen Sie die Punkte.

a ☐ viele kleine Probleme haben

b ☐ neue Kollegen kennenlernen

c ☐ ein Problem mit einer Kollegin haben

d ☐ einer Kollegin helfen

Jenifer Walton

2.02 **1.4** Was ist richtig? Hören Sie noch einmal und kreuzen Sie an.

	richtig	falsch
1. Frau Walton ist noch nicht lange in der Firma.	☐	☐
2. Sie kennt ihre Kollegen schon gut.	☐	☐
3. Sie mag eine Kollegin nicht.	☐	☐
4. Sie fährt manchmal mit dem Aufzug.	☐	☐
5. Diese Stelle ist ihre erste Stelle.	☐	☐
6. Bei einem Computerproblem hat sie einer Kollegin geholfen.	☐	☐

2.02 **1.5** Wiederholung: Nebensätze mit *weil*. Hören Sie noch einmal und machen Sie Notizen zu den Fragen. Schreiben Sie dann die Antworten.

1. Warum vergisst Frau Walton immer wieder die Namen von den Kollegen?
2. Warum spricht sie die Kollegin nicht an?
3. Warum will sie die Kollegen nicht so oft fragen?
4. Warum konnte sie der Kollegin in ihrem Büro helfen?

> 1. *Frau Walton vergisst immer wieder die Namen von den Kollegen, weil es ...*

2 Nebensätze mit *wenn*: Wenn …, dann …

2.1 Was machen Sie, wenn der Computer abstürzt? Schreiben Sie Sätze.

Ich trinke einen Kaffee.

Ich benutze mein Tablet.

Ich ärgere mich.

Ich bitte meine Kollegen um Hilfe.

Ich mache eine Pause.

Ich rufe den IT-Support an.

Ich gehe nach Hause.

> Wenn der Computer abstürzt, (dann) trinke ich einen Kaffee.
> Wenn der Computer abstürzt, …

2.2 Schreiben Sie *wenn*-Sätze.

1. er: krank sein – die Kollegin: seine Arbeit machen
2. ich: mehr Gehalt möchten – ich: mit meiner Chefin sprechen
3. sie: ein Problem haben – sie: die Kollegen um Hilfe bitten
4. man: einen Namen vergessen – die Situation: peinlich sein
5. der Bus: Verspätung haben – ich: in der Firma anrufen

Position 1 (Nebensatz)		Position 2 (Verb)	
1. Wenn er krank	ist,	macht	die Kollegin seine Arbeit.
2.			
3.			
4.			
5.			

2.3 Was passt? Ordnen Sie zu und schreiben Sie *wenn*-Sätze.

Der Aufzug ist kaputt. – Ein Kollege feiert im Büro Geburtstag. – ~~Ich komme morgens ins Büro.~~ – Eine Kollegin ist lange krank.

Ich nehme die Treppe. – Ich trinke einen Kaffee. – Wir schicken ihr Blumen. – Er kauft Kuchen für alle.

> 1. Wenn ich morgens ins Büro komme, …

3 Interview mit dem Psychologen Dr. Seiters

3.1 Eine E-Mail an Dr. Seiters. Welcher Betreff passt? Lesen Sie und kreuzen Sie an.

○○○

Von:	k.brinkmann@hi.de
An:	fit-im-alltag@post.de
Betreff:	...

Liebes Team von „Fit im Alltag",

ich habe gerade Ihre Sendung über Probleme am Arbeitsplatz gehört und finde die Tipps von Dr. Seiters sehr interessant. Es funktioniert manchmal, wenn man über ein Problem spricht. Aber ich habe ein anderes Problem. Meine Kollegin streitet sich viel mit ihrem Mann und zieht
5 gerade in eine neue Wohnung um. Sie schläft schlecht und ist deshalb immer müde und hat schlechte Laune. Wenn ich mit ihr über Probleme im Büro sprechen möchte, dann erzählt sie mir immer über ihre Probleme zu Hause. Am Anfang habe ich noch Tipps gegeben, aber jetzt kenne ich alles schon und will nichts mehr hören. Ich kann ihr leider nicht helfen. Deshalb spreche ich sie nur selten an.

10 Wie kann ich mich richtig verhalten? Hat Herr Dr. Seiters einen Tipp für mich?

Vielen Dank und schöne Grüße
Katherina Brinkmann

---

1. ☐ Tipp für Dr. Seiters
2. ☐ Problem mit meinem Mann
3. ☐ Frage an Dr. Seiters

3.2 Lesen Sie noch einmal und ergänzen Sie die Sätze.

---
sie ansprechen – schlecht geschlafen haben – von ihren Problemen erzählen – über ein Problem sprechen

---

1. Frau Brinkmann findet es gut, wenn man *über ...* _____
2. Die Kollegin ist immer schlecht gelaunt, wenn sie _____
3. Die Kollegin erzählt immer von ihren Problemen, wenn Frau Brinkmann _____
4. Frau Brinkmann will nichts mehr hören, wenn die Kollegin _____

3.3 Was bedeuten die Wörter? Verbinden Sie.

1. sich beschweren	a	einen Raum verlassen
2. den Aufzug benutzen	b	ein Computer funktioniert nicht mehr
3. rausgehen	c	in einem Haus nach oben oder nach unten gehen
4. peinlich	d	eine Situation ist einer Person unangenehm
5. abstürzen	e	von einem Stock in einen anderen fahren
6. die Treppe nehmen	f	einer Person sagen, dass man etwas nicht gut findet

4 Was machen Sie, wenn …?

4.1 Ergänzen Sie die Sätze.

Zeitung lesen

viele Fotos machen

zur Polizei gehen

fernsehen

sich ärgern

1. Wenn meine Arbeit langweilig ist, _____

2. Wenn ich eine Stadt besichtige, _____

3. Wenn ich meine Geldbörse verloren habe, dann _____

4. Wenn es den ganzen Tag regnet, _____

5. Wenn mein Handy kaputt ist, _____

4.2 Diktat. Hören und ergänzen Sie. Nutzen Sie die Pausentaste (⏸).

Liebe Tina,

ich hatte heute einen verrückten Tag im Büro. Heute Vormittag _____

_____. Ich habe _____, aber keiner

_____. Du kennst ja unseren IT-Support. Ich bin also zu den Kollegen

gelaufen, zu Fuß _____, denn _____.

Die Kollegen vom IT-Support haben gemütlich zusammen _____.

Sie sind immer sehr nett und ein Kollege ist sofort mitgekommen und _____

_____. Er hat kein Problem gefunden, alles hat ganz _____.

Hoffentlich funktioniert der Computer auch, _____!

Wie geht's dir? Was macht dein neuer Job?

Liebe Grüße
Sabrina

5 Computersprache

5.1 Was bedeuten die Symbole? Ordnen Sie zu.

1. senden   2. weiterleiten   3. ausdrucken   4. speichern
5. schließen   6. öffnen   7. löschen

Von:	tino@nanu.de
An:	info@panorama.de
Betreff:	wichtige Frage

5.2 Welches Verb in 5.1 passt? Ergänzen Sie.

2. Ich muss den Anhang _____, dann kann ich ihn am Computer lesen.

3. Und hier, diesen Text brauchen wir auf Papier, also muss ich den Text _____.

4. So, ich brauche die Datei nicht mehr, ich _____ sie.

1. Okay, Herr Almeida braucht die Informationen. Ich _____ ihm die E-Mail _____.

5. Die Datei ist wichtig, also muss ich sie _____.

6. Geschafft! Jetzt muss ich nur noch alle Dateien _____, dann kann ich nach Hause gehen.

6 Ein typischer Morgen im Büro

6.1 Was passt? Ergänzen Sie.

1. den Computer *e* _____

2. eine E-Mail *w* _____

3. einer Kollegin *h* _____

4. zu einer Besprechung *g* _____

5. mit dem Chef *t* _____

6.2 Was hat Frau Erkner gemacht?
Schreiben Sie mit den Wörtern in 6.1 Sätze.

1. Heute Vormittag hat Frau Erkner zuerst ...

7 Geschäftliche E-Mails schreiben

7.1 Eine Terminanfrage. Hören und ergänzen Sie.

Was: _____

Datum: _____ Uhrzeit: _____

Firma: Technomobil Name: Lukas Wyler

Telefonnummer: _____ Durchwahl: _____

7.2 Einen Termin verschieben. Was passt? Ordnen Sie zu.

stattfinden – entschuldigen Sie – dass Sie angerufen haben – absagen – einen Termin – Termin anbieten – passt – Bescheid geben – Mit freundlichen Grüßen – Sehr geehrter

```
○○○
An:        wyler@technomobil.de
Betreff:   Termin im November

_____ Herr Wyler,

vielen Dank, _____. Bitte _____,

dass ich den Termin _____ muss. Ich würde gern kommen, aber ich habe am 23.11.

_____ in Stuttgart.

Ich kann Ihnen für die Präsentation folgenden _____: Dienstag, der 29.11.,

um 12:30 Uhr oder um 17 Uhr. Ich hoffe, dass Ihnen dieser Termin _____.

Bitte _____ Sie mir bis morgen _____. Sie haben am Telefon gesagt, dass die

Präsentation im November _____ muss. Am 30.11. kann auch meine Kollegin

zu Ihnen kommen.

_____

Anna Santos
Möbel-Kauss
```

7.3 Was ist richtig? Lesen Sie noch einmal in 7.2. und kreuzen Sie an.

	richtig	falsch
1. Die Präsentation findet am 23.11. nicht statt.	☐	☐
2. Der Termin ist von 12:30 Uhr bis 17 Uhr.	☐	☐
3. Die Präsentation muss am 29.11. stattfinden.	☐	☐
4. Eine Kollegin kann die Präsentation machen.	☐	☐

2.05 **7.4** Einen Termin bestätigen. Karaoke. Hören Sie und sprechen Sie die 👄-Rolle.

👂 ...

👄 Guten Tag. Mein Name ist ... Ich möchte gern mit Frau Santos sprechen.

👂 ...

👂 ...

👄 Guten Tag, Frau Santos, hier ist ... von der Firma Technomobil. Ich arbeite zusammen mit Herrn Wyler. Er hat mir Ihre E-Mail weitergeleitet. Der Termin für die Präsentation am 29. November passt uns sehr gut.

👂 ...

👄 Uns passt beides. Was passt Ihnen besser?

👂 ...

👄 Gern. Kommen Sie dann bitte schon um Viertel vor fünf. Ich hole Sie an der Rezeption ab.

👂 ...

👄 Auf Wiederhören.

7.5 Welche Antwort passt? Kreuzen Sie an.

1. Wann passt es Ihnen am besten?
   a ☐ Vielen Dank für den Termin.
   b ☐ Am 15. März passt es mir sehr gut.

2. Ich bin krank. Kann ich den Termin verschieben?
   a ☐ Das tut mir leid. Sie können gern einen neuen Termin vorschlagen.
   b ☐ Ich hoffe, dass Ihnen der Termin passt.

3. Passt Ihnen der Termin am Montag um 9 Uhr?
   a ☐ Ja, das ist gut. Bis dann.
   b ☐ Bitte geben Sie mir bis zum Montag Bescheid.

4. Können wir einen Termin in der nächsten Woche machen?
   a ☐ Tut mir leid, ich bin seit gestern krank und muss unseren Termin verschieben.
   b ☐ Nächste Woche bin ich im Urlaub. Passt es Ihnen auch in zwei Wochen?

7.6 Wo sagt man einen Termin zu? Wo sagt man einen Termin ab? Markieren Sie die Zusagen in Blau und die Absagen in Rot.

Ich würde gern kommen, aber ich bin seit letzter Woche krank. – Der Termin passt mir sehr gut. – Bitte entschuldigen Sie, dass ich den Termin morgen absagen muss. – Können wir unseren Termin auf nächste Woche verschieben? – Ich komme am 11. August um 9 Uhr zu Ihnen und ich freue mich auf ein interessantes Gespräch.

7.7 Schreiben Sie mit den Sätzen in 7.6 eine Zusage und eine Absage. Vergessen Sie den Gruß nicht.

Sehr geehrte Frau Lange,
der ...

Sehr geehrter Herr Meier,
ich habe ein Problem. Bitte ...

7.8 Ihr Chef, Herr Schmidt, hat Ihnen eine Terminanfrage für eine Besprechung geschickt. Schreiben Sie eine E-Mail in Ihr Heft.

— Entschuldigen Sie sich, dass Sie den Termin absagen müssen.
— Erklären Sie, warum.
— Verschieben Sie den Termin auf nächste Woche.

Schreiben Sie 30 bis 40 Wörter. Schreiben Sie zu allen drei Punkten.

8 Das ist wichtig im Beruf.

8.1 Frau Peters oder Herr Vellis?
Wer sagt was?
Hören Sie und kreuzen Sie an.

	Frau Peters	Herr Vellis
1. Die Sicherheit ist wichtiger als eine interessante Arbeit.	☐	☐
2. Ein Chef soll Geduld haben.	☐	☐

8.2 Was ist für die Personen wichtig? Hören Sie noch einmal und kreuzen Sie an.

	die Sicherheit	eine abwechslungsreiche Arbeit	nette Kollegen	ein gutes Gehalt
1. Frau Peters	☐	☐	☐	☐
2. Herr Vellis	☐	☐	☐	☐

8.3 Und Sie? Was ist für Sie bei der Arbeit wichtig? Schreiben Sie in Ihr Heft.

Ich arbeite als ... / Ich möchte als ... arbeiten. – Für mich ist/sind ... wichtiger als ... – Am wichtigsten finde ich ... – Wenn ich ... habe, dann fühle ich mich bei der Arbeit wohl.

Und in Ihrer Sprache?

1 Ihre Kollegin hat eine Nachricht bekommen. Sie versteht nicht so gut Deutsch. Helfen Sie ihr. Was soll sie tun? Lesen Sie die Nachricht und unterstreichen die wichtigen Informationen.

2 Berichten Sie der Kollegin in Ihrer Muttersprache.

Liebe Frau Hill,
der Computer von Herrn Kapp ist abgestürzt und der IT-Support kann erst morgen kommen. Er muss für sein Projekt dringend Dateien ausdrucken und weiterleiten. Können Sie Herrn Kapp Ihren Laptop geben? Bitte geben Sie ihm schnell Bescheid (Durchwahl: 4274).
Vielen Dank und viele Grüße
Martha Winkler

1 Über den Büroalltag sprechen. Was macht Klaus Witke? Schreiben Sie Sätze zu den Bildern.

1. Zuerst ... 2. Dann ... 3. Danach... 4. Später ...

2 Über Probleme am Arbeitsplatz sprechen. In welcher Situation machen Sie das? Schreiben Sie Sätze mit *wenn*.

eine Information brauchen – der Computer abstürzen – ein Kollege: immer Probleme machen – eine Kollegin: laut telefonieren

_____, rufe ich den IT-Support.

_____, frage ich meine Kollegen.

_____, gehe ich erst mal einen Kaffee trinken.

_____, beschwere ich mich.

3 Geschäftliche E-Mails schreiben. Schreiben Sie eine E-Mail in Ihr Heft.

Sie möchten Frau Siebel von der Firma Lingoline treffen. Schlagen Sie einen Termin vor. Sie können nächste Woche am Montag oder Donnerstag von 10 bis 13 Uhr.

2.07 **4** Einen Termin vereinbaren. Was ist richtig? Hören Sie und kreuzen Sie an.

	richtig	falsch
1. Frau Tannhäuser möchte für morgen einen Termin.	☐	☐
2. Die Handynummer von Frau Tannhäuser ist 0164 25393675.	☐	☐
3. Herr Varvelli ruft an, weil er einen Termin vorschlagen möchte.	☐	☐
4. Herr Varvelli kann morgen um 16:30 Uhr mit Herrn Schmidtbauer sprechen.	☐	☐

Punkte gesamt
17–20: Super!
11–16: In Ordnung.
0–10: Bitte noch einmal wiederholen!

Seite 74–75

abstürzen _____

aktuell _____

der Aufzug, -ü-e _____

außerdem _____

beantworten _____

sich beschweren _____

doppelt- _____

einig- _____

das Gehalt, -ä-er _____

gründen _____

die Hilfe, -n _____

um Hilfe bitten _____

der IT-Experte, -n _____

die IT-Expertin, -nen _____

jemand _____

komplett _____

peinlich _____

rausgehen, er/sie ist rausgegangen _____

reagieren _____

die Situation, -en _____

das Team, -s _____

die Treppe, -n _____

unfreundlich _____

sich verhalten, er/sie verhält sich, er/sie hat sich verhalten _____

vorsichtig _____

wenn _____

sich wundern _____

Seite 76–77

absagen _____

der Anhang, -ä-e _____

ausdrucken _____

beenden _____

Bescheid geben, er/sie gibt Bescheid, er/sie hat Bescheid gegeben _____

die Besprechung, -en _____

die Datei, -en _____

die Daten (Pl.) _____

einschalten _____

löschen _____

Mit freundlichen Grüßen ... _____

der Ordner, - _____

das Postfach, -ä-er _____

privat _____

das Protokoll, -e _____

Sehr geehrte Damen und Herren, ... _____

Sehr geehrte Frau ... / Sehr geehrter Herr ... _____

senden _____

speichern _____

technisch _____

verschieben, er/sie hat verschoben _____

vorschlagen, er/sie schlägt vor, er/sie hat vorgeschlagen _____

weiterleiten _____

Seite 78–79

abwechslungsreich _____

d. h. (das heißt) _____

das Drittel, - _____

die Sicherheit, -en _____

sinnvoll _____

Mein Smartphone & ich

1 Das neue Smartphone-Modell

1.1 Was passt? Ergänzen Sie die Wörter mit Artikel.

D̶i̶s̶p̶l̶a̶y̶ – Tarif – Kamera – Vertrag – Preis ohne Vertrag – Speicherplatz

	Lonu	flox	WYRA
① *das Display*	5,1 Zoll	5,5 Zoll	6 Zoll
② _____	12 Megapixel	16 Megapixel	24 Megapixel
③ _____	8 GB	16 GB	32 GB
④ _____	299 €	345 €	495 €
⑤ _____	60 Minuten telefonieren, 100 SMS, surfen bis 2 GB für 20 €/Monat	120 Minuten telefonieren, 50 SMS, surfen bis 5 GB für 30 €/Monat	Flatrate telefonieren, SMS und surfen – so viel Sie wollen für 40 €/Monat
⑥ _____	18 Monate	12 Monate	24 Monate

1.2 Wiederholung: Komparativ und Superlativ. Schreiben Sie Sätze.

1. Tarif günstig
2. viel Speicherplatz
3. Kamera gut
4. Preis hoch
5. Display groß
6. Vertrag dauert lange

> 1. Der Tarif von dem WYRA ist günstig, der von dem flox ist günstiger, aber am günstigsten ist der Tarif von dem Lonu.

1.3 Welches Smartphone in 1.1 passt am besten zu wem und warum? Lesen Sie, unterstreichen Sie im Text und ergänzen Sie dann die Sätze.

Mein Smartphone ist zwei Jahre alt und ich möchte mir ein neues kaufen. Für mich ist eine günstige Flatrate wichtig, weil ich mit meinem Smartphone viel im Internet surfen möchte. Das Display muss ziemlich groß sein, weil ich ohne Brille nicht so gut lesen kann. Ich höre auch sehr gern Musik und habe viele Apps, also brauche ich viel Speicherplatz.

Petra Krause

Finn Becker

Ich suche ein günstiges, aber gutes Smartphone. Ich fotografiere gern, also möchte ich eine gute Kamera und genug Speicherplatz für Fotos. Ich möchte ein kleines Gerät. Viele Smartphones sind heute sehr groß und sie passen nicht gut in die Tasche. Was noch? Ach ja: Ich will ein Handy ohne Vertrag kaufen. Mit Prepaid-Karten kann man Geld sparen. Noch etwas: Das Handy darf nicht zu teuer sein. Ich will nicht mehr als 350 Euro bezahlen.

1. *Zu Petra Krause passt ...* _____,
   weil ... _____
2. *Am besten passt zu Finn Becker ...* _____
   _____

1.4 Was passt? Ordnen Sie zu.

Aha. Ich möchte noch wissen, ob man das Handy ohne Vertrag kaufen kann. – Das ist nicht viel. Gibt es auch einen anderen Tarif? – Ich möchte wissen, ob das Handy eine gute Kamera hat. – ~~Ja. Ich möchte mehr über dieses Handy wissen.~~ – Okay, vielen Dank für Ihre Hilfe. – Super! Könnten Sie mir sagen, welche Tarife es gibt? – Toll! Was kostet dieser Tarif? – Wissen Sie, wie viel ich mit der Basic-Flatrate surfen kann?

👂 Kann ich Ihnen helfen?

👄 *Ja. Ich möchte mehr über dieses Handy wissen.*

👂 Das ist ein tolles Smartphone! Ich informiere Sie gern. Was möchten Sie wissen?

👄 _____

👂 Ja, 16 Megapixel. Sie können also viele tolle Fotos machen.

👄 _____

👂 Ein Tarif kostet nur 19,90 Euro im Monat. Mit dieser Basic-Flatrate können Sie telefonieren und SMS schreiben, so viel Sie wollen.

👄 _____

👂 Sie können bis zu 500 Megabyte im Monat surfen.

👄 _____

👂 Wir haben auch die Infinity-Flatrate. Sie können telefonieren und surfen, so viel Sie wollen.

👄 _____

👂 Er kostet 39,90 Euro im Monat.

👄 _____

👂 Ja, natürlich. Ohne Vertrag kostet es 399,50 Euro.

👄 _____

👂 Sehr gern.

2.08 ◎ **1.5** Karaoke. Hören Sie und sprechen Sie die 👄-Rolle.

2 Indirekte Fragen: Könnten Sie mir sagen, wie viel …?

2.1 Markieren Sie die indirekten Fragen in 1.4 und ergänzen Sie die Tabelle.

			(Satzende Verb)
1. Ich möchte wissen,	_____	eine gute Kamera	_____ .
2. Könnten Sie mir sagen,	_____	Tarife es	_____ ?
3. Ich möchte noch wissen,	_____	ohne Vertrag	_____ .
4. Wissen Sie,	_____	der Basic-Flatrate	_____ ?

2.2 *Ob* oder *w*-Fragewort? Ergänzen Sie.

1. 💬 Können Sie mir sagen, *wie viel* Speicherplatz das Smartphone hat?
   👍 Dieses Smartphone hat 64 GB Speicherplatz.

2. 💬 Ich möchte gern wissen, ____ob____ dieses Tablet eine gute Kamera hat.
   👍 Ja, es hat eine sehr gute Kamera mit Videofunktion.

3. 💬 Wissen Sie, ____ob____ es das Handy auch in anderen Farben gibt?
   👍 Nein, das Handy gibt es nur in Schwarz.

4. 💬 Könnten Sie mir sagen, __wie lange__ der Akku hält?
   👍 Das kann ich nicht genau sagen, aber er hält circa 10 bis 15 Stunden.

*der Akk-
battery*

5. 💬 Ich möchte gern wissen, __welches__ Flatrates es gibt.
   👍 Es gibt die Super-Flatrate für 19,90 Euro im Monat und die Normal-Flatrate für 10,90 Euro.

2011 - inches

6. 💬 Ich möchte gern wissen, ____ob____ ich dieses Smartphone ohne Vertrag kaufen kann.
   👍 Ja, Sie können es ohne Vertrag kaufen, aber mit einem Vertrag ist es günstiger.

7. 💬 Können Sie mir sagen, __wie viele__ dieses Handy ohne Vertrag kostet?
   👍 Es kostet 299,50 Euro.

8. 💬 Wissen Sie, ____wo____ man die Prepaid-Karten kaufen kann?
   👍 Man kann sie in vielen Geschäften und sogar im Supermarkt kaufen.

2.3 Schreiben Sie indirekte Fragen. Variieren Sie die Satzanfänge.

1. Was kostet die Smartwatch?
2. Gibt es dieses Tablet auch in Weiß?
3. Wie viel Speicherplatz hat das Smartphone?
4. Kann ich mit dieser Flatrate auch im Internet surfen?
5. Welchen Tarif empfehlen Sie mir?
6. Hat die Kamera auch eine Videofunktion?

> *1. Ich möchte wissen, was
> die Smartwatch kostet.
> 2. Wissen Sie, ...*

2.4 Wiederholung: Das Verb *wissen*. Ergänzen Sie.

1. 💬 *Weiß* Peter, wo der Kurs stattfindet?

   👍 Das __weiß__ ich nicht.

2. __weißt__ du, mit welchem Bus wir in die Stadt fahren müssen?

3. Entschuldigung, __wissen__ Sie, wie ich zum Bahnhof komme?

4. __wißt__ ihr, wann der Film im Kino heute beginnt?

5. 💬 Wohin wollt ihr diesen Sommer in den Urlaub fahren?

   👍 Das __wissen__ wir noch nicht genau.

3 Welche Apps nutzen Sie?

3.1 Was passt? Ordnen Sie zu.

a RegenSchirm   b i-Kalender   c SprachFit   d KulturKarten   e SchnellZumZiel   f Info 24/7

1. ☐ Reisen ohne Stress! Mit dieser praktischen App können Sie Fahrpläne für U-Bahn, Bus und Zug lesen und sogar Fahrkarten kaufen und Sitzplätze buchen. Außerdem finden Sie auch schnell und sicher zur nächsten Haltestelle.

2. ☐ Mit dieser App sind Sie immer gut informiert. Sie haben aktuelle Radio- und TV-Nachrichten live auf Ihrem Handy. Sie können außerdem verschiedene Zeitungen lesen.

3. ☐ Möchten Sie wissen, was am Wochenende in Ihrer Stadt los ist? Lieben Sie Theater oder Kino? Gehen Sie gern ins Konzert? Mit dieser App können Sie das aktuelle Programm für Theater, Live-Musik und Kino lesen und Eintrittskarten kaufen.

4. ☐ Lernen Sie eine Fremdsprache? Mit dieser App können Sie neue Wörter schnell und sicher finden. Sie können auch neue Wörter und Grammatik trainieren. Lustige Tests und Spiele helfen Ihnen beim Lernen. Es gibt die App für Deutsch, Englisch, Arabisch und Chinesisch.

5. ☐ Kommen Sie nie wieder zu spät zu einem Termin! Mit dieser App können Sie Ihre Termine leicht und schnell organisieren. Wenn Sie einen Termin verschieben oder absagen müssen, kann diese App den anderen Teilnehmerinnen und Teilnehmern sofort mit einer E-Mail Bescheid geben.

6. ☐ Nie wieder nasse Füße! Ihr Handy klingelt, wenn es in Ihrer Nähe bald regnet – einfach, schnell und aktuell! Das hilft, wenn Sie in der Stadt unterwegs sind oder auf dem Land wandern.

3.2 Was ist richtig? Lesen Sie noch einmal und kreuzen Sie an.

	richtig	falsch
1. *Info 24/7* ist gut zum Sehen von Nachrichten.	☐	☐
2. *SchnellZumZiel* ist praktisch zum Lesen von Stadtplänen.	☐	☐
3. Mit *i-Kalender* können Sie Ihre E-Mails einfach organisieren.	☐	☐
4. Mit *KulturKarten* können Sie Konzerte als Livestreaming sehen.	☐	☐
5. *SprachFit* ist eine App zum Lernen von Fremdsprachen.	☐	☐
6. *RegenSchirm* informiert Sie über das Wetter.	☐	☐

4 *Zum* + Nomen (Infinitiv): Ich habe eine App zum Navigieren.

2.09 **4.1** Welche Person nutzt welche App? Hören Sie und ordnen Sie zu.

Person	Sophie	Oma	Tante Beate	Tim	Papa	Mama
App	c					

4.2 Was macht Frau Wang mit ihrem Smartphone? Schreiben Sie Sätze.

Ich nutze mein Smartphone zum Herunterladen von Musik.

Ich nutze es zum Telefonieren.

Ich nutze es zum Buchen von Flügen.

Ich nutze es zum Zeichnen von Ideen.

Ich nutze es zum Chatten.

Frau Wang lädt Musik herunter.

4.3 Wozu nutzt man ein Tablet? Schreiben Sie Sätze.

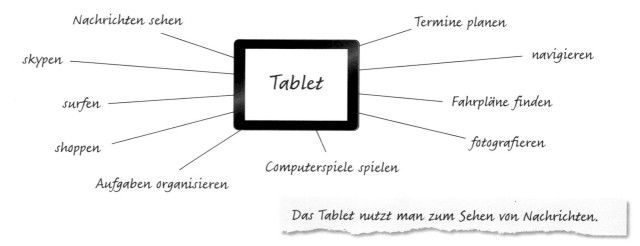

Nachrichten sehen

Termine planen

skypen

navigieren

surfen

Fahrpläne finden

shoppen

fotografieren

Aufgaben organisieren

Computerspiele spielen

Tablet

Das Tablet nutzt man zum Sehen von Nachrichten.

4.4 Was braucht James für seinen Urlaub in Österreich? Ordnen Sie zu und schreiben Sie Sätze mit *zum* + Nomen.

Badehose – Brille – ~~Flugticket~~ – Bücher – Kamera – Stiefel – Kreditkarte – Kuli – Postkarten –
Reisepass – Sehenswürdigkeiten

1. → fliegen

2. → wandern

3. → bezahlen

4. → schwimmen

5. → reisen

6. → fotografieren von

7. → lesen von

8. → schreiben von

> 1. James braucht ein Flugticket zum Fliegen.

5 Meine Apps, deine Apps

5.1 Diktat. Hören und ergänzen Sie. Nutzen Sie die Pausentaste (⏸).

Seit drei Monaten _____ Chinesisch. Ich habe eine

App _____. Sie heißt

SprachFit. Ich finde die App _____, also

nutze ich sie jeden Tag. Die Fahrt mit dem Bus zur Arbeit _____.

Mit *SprachFit* kann ich diese Zeit _____. Unterwegs kann ich

_____. Ich höre die Wörter und _____

_____, dann muss ich _____. Einmal waren

chinesische Touristinnen im Bus. _____, weil

ich auf Chinesisch telefoniert habe.

5.2 Und Sie? Welche Apps nutzen Sie? Schreiben Sie einen kurzen Text.

> Ich nutze die App „musicmix" zum Hören von Musik.

6 Stirbt das Buch?

6.1 Was passt nicht? Streichen Sie durch.

1. der E-Book-Reader – das Buch – das Tablet – das Smartphone
2. umweltfreundlich – zuverlässig – nutzlos – praktisch
3. das Papier – das Internet – die Bibliothek – das Regal
4. bestellen – vergessen – kaufen – verkaufen
5. anfassen – hören – riechen – bieten

2.11 **6.2** Was finden die Personen besser: Bücher oder E-Books? Hören und ergänzen Sie.

1. Daniel Pfeiffer findet _____ besser.
2. Alina Pohl mag _____ lieber.

Alina Pohl / Daniel Pfeiffer

2.11 **6.3** Was ist richtig? Hören Sie noch einmal und kreuzen Sie an.

	richtig	falsch
1. Daniel Pfeiffer liest nicht gern.	☐	☐
2. Er hat viele Bücher.	☐	☐
3. Er findet E-Books praktischer als Bücher.	☐	☐
4. Daniel Pfeiffer findet, dass E-Books Geld sparen.	☐	☐
5. Alina Pohl hat keine E-Books auf ihrem Tablet.	☐	☐
6. Sie findet E-Books weniger schön als Bücher.	☐	☐
7. Alina Pohl ist der Meinung, dass E-Books zuverlässig sind.	☐	☐
8. Sie glaubt, dass die digitale Entwicklung schnell ist.	☐	☐

2.11 **6.4** Hören Sie noch einmal und bringen Sie die Sätze in die richtige Reihenfolge.

a ☐ Ja, ich stimme dir zu.

b ☐ Ich finde, du hast Recht.

c ☐ Nein, ich finde nicht, dass E-Books sehr praktisch sind.

d ☐ Ich bin nicht sicher, ob das Buch stirbt, aber es ist möglich.

e [1] Ich glaube, dass E-Books einfach besser sind.

f ☐ Ich sehe das anders.

g ☐ Meiner Meinung nach sind E-Books einfach nicht so schön wie richtige Bücher.

h ☐ Glaubst du wirklich, dass die Technik in zehn Jahren deine heutigen E-Books lesen kann?

6.5 Und was meinen Sie? Stirbt das Buch? Schreiben Sie Ihre Meinung.

Ich finde, _____ hat Recht, weil _____

Ich glaube / glaube nicht, dass _____

Meiner Meinung nach _____

Ich bin nicht sicher, ob _____

Aber ich bin sicher, dass _____

7 Medien unterwegs

7.1 Was ist das Thema von der Grafik? Lesen Sie die Überschrift und kreuzen Sie an.

So nutzen die Schweizerinnen und Schweizer ihr Smartphone

64% Zeitung lesen   72% Musik hören   73% Spiele spielen   81% im Internet surfen   82% E-Mails lesen

Quelle: © Statista 2016

Die Grafik zeigt, ...
1. ☐ welche Medien man nutzt, wenn man in der Schweiz unterwegs ist.
2. ☐ was man in der Schweiz am häufigsten mit dem Smartphone macht.
3. ☐ was man in der Schweiz mit dem Smartphone machen kann.

7.2 Was zeigt die Grafik? Ergänzen Sie.

Diese Grafik zeigt das Ergebnis von einer Umfrage in der Schweiz. Man h___ Schweizerinnen

u___ Schweizer gef_____, wie s___ ihre Smart_____ im All_____ nutzen.

In d___ Schweiz hö_____ viele Mens_____ gern Mu_____ mit ih_____ Smartphones.

Noch häuf_____ nutzen s___ ihre Smart_____ zum Spie_____. 64% v___ den

Schweizerinnen u___ Schweizer nut_____ das Smart_____ zum Le_____ von Zeit_____

und 81% sur_____ oft im Inte_____. Aber am liebsten lesen sie E-Mails.

Und in Ihrer Sprache?

Ihre Freundin/Ihr Freund sucht einen neuen Handytarif. Sie/Er versteht nur wenig Deutsch. Lesen Sie den Flyer und erklären Sie ihn in Ihrer Muttersprache.

UNSER TARIF IST SUPER GÜNSTIG!

Telefon-Flatrate – telefonieren Sie, so viel Sie wollen!*
200 SMS pro Monat*
500 MB Surfen

gratis Smartphone mit 16-Megapixel-Kamera
NUR 39 Euro
im Monat**

* im deutschen Telefonnetz; Anrufe und SMS ins Ausland kosten extra
** Vertrag für 24 Monate

1 Beratungsdialoge führen/technische Informationen über Geräte erfragen.

2.12 ⊙ **1.1** Was ist richtig? Hören Sie und kreuzen Sie an.

	richtig	falsch	
1. Der Super-Tarif ist teurer als der Normal-Tarif.	☐	☐	
2. Mit dem Normal-Tarif kann man bis zu 500 MB im Internet surfen.	☐	☐	
3. Ohne Vertrag kostet das Smartphone fast 300 Euro.	☐	☐	**Punkte**
4. Das Smartphone gibt es nur in Schwarz und in Grün.	☐	☐	4

1.2 Ergänzen Sie wie im Beispiel.

1. Wissen Sie, *ob es das Smartphone auch in einer anderen Farbe gibt* _____ ?
   (Smartphone: andere Farbe)

2. Könnten Sie mir sagen, wie viele _____ ?
   (Kamera: Megapixel)

3. Ich möchte wissen, wie lange _____ .
   (Akku)

4. Ich möchte wissen, ob _____ .
   (32 GB Speicherplatz)

5. Wissen Sie, wie _____ ?
   (Display: groß)

Punkte
4

2 Apps beschreiben. Was passt? Verbinden Sie und schreiben Sie Sätze mit *zum* + Nomen.

1. eNatur
2. Foto-Profi
3. Zeichne-Pro
4. Aktuelles24
5. Ticket
6. i-Kalender
7. Musikload

a Zeitungen lesen
b Termine organisieren
c Flüge buchen
d Vogelstimmen erkennen
e Musik herunterladen
f zeichnen
g fotografieren

1d eNatur ist eine App zum Erkennen von Vogelstimmen.

Punkte
6

3 Seine Meinung äußern: zustimmen 😄, widersprechen 😞 oder unsicher sein 😐. Schreiben Sie sechs Sätze.

1 *E-Books sind nicht so gut wie Bücher.*

2 *Stadtpläne aus Papier braucht man nicht mehr.*

3 *Tablets sind besser zum Lesen als Smartphones.*

a 😄
b 😐

a 😞
b 😐

a 😞
b 😄

Punkte
6

1a Ich finde, du ...

Punkte gesamt
17–20: Super!
11–16: In Ordnung.
0–10: Bitte noch einmal wiederholen!

Seite 80–81

der Akku, -s _____

das Display, -s _____

das Smartphone, -s _____

der Speicherplatz (Sg.) _____

    Wie viel Speicherplatz hat das Handy? _____

_____

der Tarif, -e _____

der Vertrag, -ä-e _____

    bis zu ... (+ Menge) _____

    Surfen bis zu 500 Megabyte! _____

_____

    silber _____

    Das Smartphone gibt es nur in Silber. _____

_____

die SMS, - _____

der Zoll (Sg.) _____

    Das Display ist 5,5-Zoll groß. _____

    ob _____

    Ich möchte wissen, ob das Handy eine Kamera hat. _____

_____

    halten, er/sie hält, er/sie hat gehalten _____

    Der Akku hält 24 Stunden. _____

_____

die Tastatur, -en _____

Seite 82–83

der Stadtplan, -ä-e _____

    erkennen, er/sie hat erkannt _____

    navigieren _____

    dringend _____

    herunterladen, er/sie lädt herunter, er/sie hat

    heruntergeladen _____

    zeichnen _____

Seite 84–85

    anfassen _____

die Bibliothek, -en _____

der Computervirus, -viren _____

    digital _____

    eigentlich _____

    elektronisch _____

die Entwicklung, -en _____

    heutig _____

    Die heutige Technik ändert sich schnell. _____

_____

die Lösung, -en _____

    nutzlos _____

    riechen, er/sie hat gerochen _____

    sogar _____

    umweltfreundlich _____

    verbrauchen _____

    zuverlässig _____

die Meinung, -en _____

    Meiner Meinung nach sind E-Books besser als Bücher.

_____

    unsicher _____

    zustimmen _____

Deutsch aktiv 9|10 / Panorama V

    ausstellen _____

    beraten, er/sie berät, er/sie hat beraten _____

_____

    besprechen, er/sie bespricht, er/sie hat besprochen _____

die Visitenkarte, -n _____

    zuhören _____

Freunde tun gut

1 Freundschaft – was heißt das eigentlich?

1.1 Was passt zu den Fotos? Lesen Sie und ordnen Sie die gelb markierten Wörter mit Artikel zu.

30. Juli: Internationaler Tag der Freundschaft

Seit 2011 gibt es ihn weltweit: den Internationalen Tag der Freundschaft. Aber schon 1958 hatte ein Arzt aus Paraguay bei einer Feier mit Freunden die Idee. Weil Freundschaft zwischen Menschen oder auch zwischen verschiedenen Ländern so wichtig ist, soll man Freundschaften in der ganzen Welt an einem bestimmten Tag feiern. Freundschaft kann das Unglück in der Welt nicht beenden, aber sie kann es etwas weniger machen, denn sie bringt Glück in den Alltag. Man mag die wirklich guten Freunde, ja man liebt sie sogar. Und ist die Liebe nicht am wichtigsten? Deshalb feiern auch Sie den Tag der Freundschaft am 30. Juli! Treffen Sie Ihre Freunde oder laden Sie sie zu einem Fest ein. Haben Sie Spaß mit Ihren Freunden und genießen Sie die gemeinsame Zeit!

1. _____ 2. _____ 3. _____ 4. _____

1.2 Was ist richtig? Lesen Sie noch einmal und kreuzen Sie an.

1. Den Freundschaftstag feiert man seit ...
   a ☐ 1958
   b ☐ 1985
   c ☐ 2011

2. Freundschaft ...
   a ☐ beendet das Unglück.
   b ☐ ist wichtiger als Liebe.
   c ☐ bringt den Menschen Glück.

3. Am 30. Juli ...
   a ☐ kann man Freunde treffen.
   b ☐ muss man ein Fest feiern.
   c ☐ hat man Zeit.

1.3 Das machen Freunde. Was passt? Ergänzen Sie und notieren Sie das Lösungswort.

telefonieren – Chor – denken – fahren – frühstücken – helfen – sagen – sein – Spaß haben – treffen – zuverlässig – sprechen

1. am Sonntag zusammen
   _F_ _ _ _ _ _ _ _ _ _ _

2. über Probleme _ _ _ ☐ _ _ _

3. ehrlich ☐ _ _ _

4. immer ☐ _ _ sein

5. alles _ _ _ _ _ ☐ können

6. häufig das Gleiche ☐

7. viel ☐ _ _ _ _ _ zusammen _ _ _ _ _

8. vielleicht auch im ☐ _ _ _ singen

9. Freunden ☐

10. zusammen in den Urlaub _ _ ☐ _ _ _

11. oft _ _ _ _ ☐ _ _ _ _ _

12. sich häufig ☐

Lösungswort:

F											
1	2	3	4	5	6	7	8	9	10	11	12

2.13 ◉ **1.4** Ein Zitat – zwei Meinungen. Wer stimmt zu, wer stimmt nicht zu? Hören Sie und kreuzen Sie an.

> *Natürlich ist meine Frau für mich wichtig. Aber ich lebe lieber ohne meine Frau als ohne meine Freunde.*
>
> (nach: Kevin Costner, US-amerikanischer Schauspieler, *1955)

	stimmt zu	stimmt nicht zu
1. Martina Schmidt	☐	☐
2. Ursula Weyer	☐	☐

2.13 ◉ **1.5** Wer hat welche Meinung? Hören Sie noch einmal und kreuzen Sie an.

	Martina Schmidt	Ursula Weyer
1. Für sie sind die Freunde auch am wichtigsten.	☐	☐
2. Sie findet es besonders wichtig, dass man einen gemeinsamen Alltag hat.	☐	☐
3. Sie denkt, dass ihre Freunde ihr immer helfen.	☐	☐
4. Sie sieht das anders, weil sie lieber mit ihrem Mann über Probleme spricht.	☐	☐
5. Am Ende gefällt ihr das Zitat doch.	☐	☐

2 Wirklich gute Freunde?

2.1 Wie heißt das Gegenteil? Schreiben Sie.

1. böse ≠ _____   4. dumm ≠ _____

2. ängstlich ≠ _____   5. schwach ≠ _____

3. dick ≠ _____   6. lange Haare ≠ _____ Haare

2.2 Welches Tier ist das? Lesen Sie, markieren Sie die Adjektive und kreuzen Sie an.

6/2016

KNUDDEL

Meistens ist es lieb. Aber wenn man keine Geduld hat, kann das Tier böse und auch gefährlich werden. In manchen Ländern hilft es den Menschen bei der Arbeit. Weil es so groß und stark ist, ist es auch sehr mutig. Man sagt, dass es neugierig und sehr intelligent ist. Es hat graue Haare und ziemlich große Ohren. Die Füße sind auch sehr groß, aber das Tier kann ganz leise gehen. Die Nase ist lang und das Tier kann mit ihr viele Dinge tun. Das ist sehr praktisch.

1 das Kamel

2 der Esel

3 der Elefant

2.3 Wiederholung: Adjektive nach dem indefiniten Artikel. Ergänzen Sie die Adjektive. Achten Sie auf die Endungen.

gemütlich – groß – ~~jung~~ – klein – langweilig – nett – nett – neugierig – spannend – sportlich – süß

---

www.suchenundfinden.com

Suche E-Mail-Partner

Hallo, ich bin eine *junge*____ Frau (22) und lerne seit sechs Monaten Deutsch. Ich lebe in einer

sehr _____ Stadt: In Shanghai leben über 16 Millionen Menschen! Ich würde sehr gern

regelmäßig auf Deutsch schreiben und suche eine _____ E-Mail-Partnerin oder einen

_____ E-Mail-Partner.

Ich bin ein sehr _____ Mensch: Ich gehe joggen, fahre viel Mountainbike und gehe

regelmäßig klettern. Wenn es regnet, liege ich auf meinem _____ Sofa und lese

_____ Krimis. Ich bin auch ein sehr _____ Mensch und möchte viel über

das Leben in Deutschland wissen. Ich habe einen etwas _____ Beruf (Sekretärin),

denn die Arbeit ist leider nicht abwechslungsreich. Ich lebe in einer Wohnung mit zwei

_____ Katzen. Wenn du eine E-Mail-Freundin haben möchtest, dann schreib mir!

2.4 Sie suchen eine E-Mail-Partnerin / einen E-Mail-Partner. Schreiben Sie eine Anzeige in Ihr Heft.

3 Meine beste Freundin

2.14 **3.1** Wo war Jutta? Hören Sie und markieren Sie im Stadtplan die Sehenswürdigkeiten.

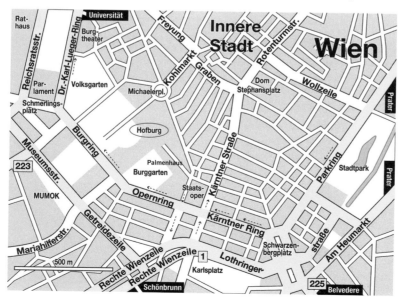

3.2 Was erzählt Jutta? Hören Sie noch einmal und ergänzen Sie die Sätze.

1. Jutta wollte in Wien _____

   _____.

2. Dort hat sie ihre _____

   _____ Lola getroffen.

3. Lola und sie _____ zusammen.

4. Am Abend waren sie _____.

3.3 Was ist richtig? Hören Sie noch einmal und kreuzen Sie an.

	richtig	falsch
1. Jutta hat Lola in der Hofburg getroffen.	☐	☐
2. Sie kennt Lola seit der Schule.	☐	☐
3. Jutta hat Lola seit über zehn Jahren nicht gesehen.	☐	☐
4. Lola ist verheiratet.	☐	☐
5. Die Freundinnen haben einen Spaziergang gemacht.	☐	☐
6. Später waren sie in einer bekannten Fußgängerzone.	☐	☐
7. Jutta hat in Wien nichts gekauft.	☐	☐
8. Jutta ist mit dem Bus ins Hotel gefahren.	☐	☐
9. Lola möchte Jutta bald besuchen.	☐	☐

3.4 Korrigieren Sie die falschen Sätze und schreiben Sie sie in Ihr Heft.

3.5 Präteritum. Welches Verb passt? Ergänzen Sie.

gab – kam – war – mochte – mochte

1. Jutta _____ alte Städte schon immer.

2. Jutta _____ am Morgen in der Hofburg und hat dort Lola getroffen.

3. In dem kleinen Geschäft _____ es tolle Sachen für wenig Geld.

4. Jutta _____ eine Bluse und hat sie deshalb gekauft.

5. Als Jutta ins Hotel _____, war sie sehr müde.

3.6 Schreiben Sie mit den Punkten 1. bis 10. die Geschichte von Jutta.

1. die Hofburg besichtigen
2. Lola treffen
3. früher beide in einem Haus wohnen
4. lange beste Freundinnen sein
5. Kaffee trinken
6. spazieren gehen
7. die Stadt ansehen
8. shoppen gehen
9. kurz schlafen
10. tanzen

Jutta war in Wien und wollte …
Dort …

4 Als mein Opa 17 war, …

4.1 Was ist falsch? Lesen Sie und streichen Sie durch.

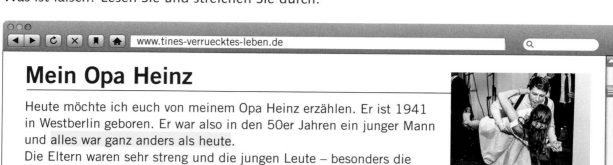

Mein Opa Heinz

Heute möchte ich euch von meinem Opa Heinz erzählen. Er ist 1941 in Westberlin geboren. Er war also in den 50er Jahren ein junger Mann und alles war ganz anders als heute.

Die Eltern waren sehr streng und die jungen Leute – besonders die Mädchen – durften viele Dinge nicht tun. Aber es gab einen beliebten Ort für Mädchen und Jungen: Mein Opa war 17 und seine Eltern haben ihn in die Tanzschule geschickt. Dort sollten die jungen Leute tanzen lernen. Alle haben gern getanzt, sogar zu altmodischen Liedern.

Mein Opa hat erzählt, dass die jungen Männer die Mädchen zum Tanz bitten sollten und er war sehr nervös. Ein Mädchen war besonders schön: Liselotte. Sie haben zusammen getanzt und sie hat gesagt, dass sie viel lieber die Musik von Elvis Presley hört. Mein Opa mochte diese Musik auch und er hat Liselotte in ein Rock'n'Roll-Café eingeladen. Die Eltern durften das nicht wissen. Damals hat man gedacht, dass Rock'n'Roll für junge Leute gefährlich ist. Liselotte und mein Opa sind dann aber nicht mehr in die Tanzschule gegangen, sie haben lieber im Rock-Café getanzt. Das haben ihre Eltern schnell gemerkt und Liselotte durfte nicht mehr tanzen. Sie konnten sich nicht mehr sehen. Aber sieben Jahre später haben sie sich wieder getroffen. Das war ein großer Zufall. Sie haben sich in einem Geschäft wiedergesehen und sie haben sich verliebt. Romantisch, oder?

1. Junge Leute haben in den 50er Jahren Tanzen *gemocht / altmodisch gefunden.*
2. Liselotte und Heinz sind am liebsten *in die Tanzschule / ins Rock'n'Roll-Café* gegangen.
3. Die beiden haben sich *sofort / nach einigen Jahren* verliebt.

4.2 Nebensätze mit *als*. Lesen Sie noch einmal und ergänzen Sie die Sätze mit den gelb markierten Wörtern. Achten Sie dabei auf das Verb.

1. Als Opa Heinz ein junger Mann war, *war alles ganz anders als heute.*
2. Als Heinz 17 war, *haben seine Eltern …*
3. Als die jungen Männer die Mädchen zum Tanz bitten sollten, *war …*
4. Als Liselotte und Heinz zusammen getanzt haben, _____, dass sie lieber die Musik von Elvis Presley hört.
5. Als Heinz das gehört hat, _____
6. Als die Eltern gemerkt haben, dass Liselotte und Heinz ins Rock-Café gegangen sind, _____
7. Als sich Heinz und Liselotte nach sieben Jahren wieder getroffen haben, _____

4.3 Stefan erzählt. Schreiben Sie Nebensätze mit *als* und unterstreichen Sie die Verben wie im Beispiel.

1. Lukas und ich haben uns kennengelernt. Wir waren noch Kinder.
2. Wir sind in die Schule gekommen. Wir haben in der gleichen Bank gesessen.
3. Ich habe mich verliebt. Mein bester Freund hat sich gefreut.
4. Er hat auch eine Freundin gefunden. Wir haben viel zu viert gemacht.
5. Meine Eltern und ich sind umgezogen. Wir haben leider den Kontakt verloren.

> 1. Als Lukas und ich uns <u>kennengelernt haben</u>, <u>waren</u> wir noch Kinder.

4.4 Nebensätze mit *als* am Ende. Schreiben Sie die Sätze in 4.3 und unterstreichen Sie wie im Beispiel.

> 1. Wir <u>waren</u> noch Kinder, als Lukas und ich uns <u>kennengelernt haben</u>.

4.5 Schreiben Sie Sätze mit *als* zu den Bildern.

den Hund sehen / Angst haben

> 1. Als das Mädchen den Hund gesehen hat, hatte sie ...

das Glas kaputtgehen / ich: sich ärgern

(plötzlich) regnen / sie: ein Taxi nehmen

auf dem Berg ankommen / müde sein

bezahlen wollen / er: kein Geld haben

5 Eine Freundschaftsgeschichte

5.1 Und du? Wie alt warst du, als ...? Beantworten Sie die Fragen und schreiben Sie Sätze.

1. Wann hast du Fahrrad fahren gelernt?
2. Wann hast du lesen gelernt?
3. Wann bist du in die Schule gekommen?
4. Wann hast du mit der Schule aufgehört?
5. Wann hast du deine erste Reise gemacht?
6. Wann hast du dich das erste Mal verliebt?

> 1. Ich habe Fahrrad fahren gelernt, als ich ... Jahre alt war.

2.15 ◉ **5.2** Diktat. Hören und ergänzen Sie. Nutzen Sie die Pausentaste (⏸).

Als ich _____, habe ich meine Freundin Emma kennengelernt.

Sie war _____. Wir haben immer _____

_____. Als _____, haben wir immer _____

_____. Sie war sehr gut in Englisch _____

_____. Wir haben uns immer geholfen. Als ich 14 war, _____

_____. Heute weiß ich nicht mehr, warum. _____

_____ zusammen gemacht. _____ war ich in

Indien _____. Und wen treffe ich dort? Richtig! Meine Emma. Wir haben uns

sofort _____ und sind jetzt wieder viel zusammen. Emma ist jetzt

_____.

5.3 Und Sie? Wie haben Sie eine gute Freundin / einen guten Freund kennengelernt? Schreiben Sie einen Text in Ihr Heft.

– Wann und wo haben Sie sie/ihn kennengelernt?
– Was haben Sie damals in dem Moment gerade gemacht?
– Was hat Ihnen an ihr/ihm besonders gut gefallen?

6 Und Ihre beste Freundin / Ihr bester Freund?

6.1 Und Ihre Freundin / Ihr Freund? Ergänzen Sie die Antworten.

🔊 Wie heißt eine gute Freundin oder ein guter Freund von dir?

👄 Sie/Er heißt _____.

🔊 Wann habt ihr euch kennengelernt?

👄 Vor _____ Jahren.

🔊 Lebt ihr heute in der gleichen Stadt?

👄 Ja, in _____. / Nein, ich lebe heute in _____.

🔊 Wie oft trefft ihr euch?

👄 Wir treffen uns _____ (ziemlich oft / regelmäßig / selten / fast nie).

🔊 Habt ihr das gleiche Hobby?

👄 Ja, wir _____ zusammen. / Nein.

2.16 ◉ **6.2** Karaoke. Hören Sie und sprechen Sie die 👄-Rolle.

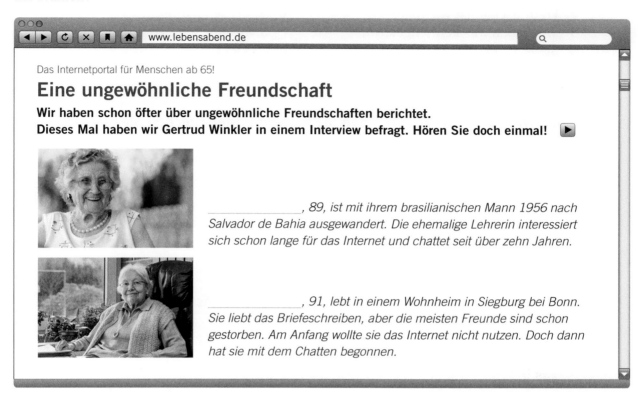

7 Gertrud und Eva

7.1 Wer ist Gertrud Winkler, wer ist Eva da Silva? Lesen Sie zuerst. Hören Sie dann und ergänzen Sie die Namen.

www.lebensabend.de

Das Internetportal für Menschen ab 65!

Eine ungewöhnliche Freundschaft

Wir haben schon öfter über ungewöhnliche Freundschaften berichtet.
Dieses Mal haben wir Gertrud Winkler in einem Interview befragt. Hören Sie doch einmal! ▶

_____, 89, ist mit ihrem brasilianischen Mann 1956 nach Salvador de Bahia ausgewandert. Die ehemalige Lehrerin interessiert sich schon lange für das Internet und chattet seit über zehn Jahren.

_____, 91, lebt in einem Wohnheim in Siegburg bei Bonn. Sie liebt das Briefeschreiben, aber die meisten Freunde sind schon gestorben. Am Anfang wollte sie das Internet nicht nutzen. Doch dann hat sie mit dem Chatten begonnen.

7.2 *Ja* oder *nein*? Hören Sie noch einmal und kreuzen Sie an.

	ja	nein
1. Gertrud Winkler hat sich schon immer für Computer interessiert.	☐	☐
2. Früher hatte Gertrud Winkler Brieffreunde.	☐	☐
3. Gertrud Winklers Sohn hat ihr am Anfang das Internet gezeigt.	☐	☐
4. Gertrud Winkler hat ihre Freundin 1956 in Brasilien besucht.	☐	☐
5. Eva da Silva singt über Skype öfter mit Gertrud Winkler im Chor.	☐	☐

Und in Ihrer Sprache?

1 Lesen Sie noch einmal die Internetseite in 7.1 und hören Sie noch einmal das Interview. Machen Sie sich Notizen zu den folgenden Fragen:
   – Wann und wie haben sich Gertrud Winkler und Eva da Silva kennengelernt?
   – Wie alt sind sie?
   – Wo leben sie?
   – Was machen sie?

2 Berichten Sie einer Freundin / einem Freund in Ihrer Muttersprache über die Freundschafts-geschichte von den beiden Frauen.

1 Über Freundschaft und über Vergangenes sprechen. Was passt zusammen?
Verbinden Sie.

1. Man hat im Leben   a als ich sechs Jahre alt war.
2. Freundschaft ist wichtiger   b sofort sympathisch.
3. Wir haben uns kennengelernt,   c nicht viele gute Freunde.
4. Sie war mir   d als Geld.

2 Seine Meinung äußern: Stimmen Sie zu oder widersprechen Sie.

1. Eine Freundschaft für ein ganzes Leben? Das gibt es nicht! _____

2. Erfolg im Beruf ist wichtiger als Freundschaft. _____

3. Man hat nur wenige gute Freunde. _____

4. Gute Freunde helfen immer bei Problemen. _____

3 Eine Person beschreiben. Biene Maja, Obelix oder Asterix? Wählen Sie eine Figur und
beschreiben Sie sie in sechs Sätzen.

So sieht die Figur aus:

_____

_____

So ist sie:

_____

4 Eine Freundschaftsgeschichte nacherzählen. Lesen Sie die Stichpunkte und schreiben
Sie einen Text.

Klaus und Peter
– sich mit 12 im Gymnasium kennenlernen, sich sofort mögen
– zusammen im Sportverein sein, oft gemeinsam Filme sehen
– mit 17 in das gleiche Mädchen verliebt sein, sich streiten und 15 Jahre keinen Kontakt
  mehr haben
– letztes Jahr sich plötzlich wieder treffen, heute beste Freunde sein

Als Klaus 12 Jahre alt war, ...

Punkte gesamt
17–20: Super!
11–16: In Ordnung.
 0–10: Bitte noch einmal wiederholen!

Seite 90–91

ehrlich _____

die Freundschaft, -en _____

Spaß haben _____

der Applaus, -e _____

gleich- _____

Sie waren in das gleiche Mädchen verliebt. _____

_____

das Unglück (Sg.) _____

das Zitat, -e _____

das Abenteuer, - _____

das Magazin, -e _____

ängstlich _____

das Beste (Sg.) _____

die Biene, -n _____

blond _____

dumm _____

dünn _____

das Huhn, -ü-er _____

lieb _____

die Liebe (Sg.) _____

klug _____

mutig _____

schwach _____

übersetzen _____

der Unsinn (Sg.) _____

verliebt (sein) _____

Sie sind nicht verliebt, sie sind nur gute Freunde. _

_____

weinen _____

die Zeitschrift, -en _____

zusammenhalten, sie halten zusammen, sie haben

zusammengehalten _____

Die Freundinnen halten immer zusammen. _____

_____

Seite 92–93

als _____

der Ärger (Sg.) _____

brennen, es hat gebrannt _____

der Rauch (Sg.) _____

sich verlieben _____

Ich habe mich in ... verliebt. _____

_____

die Zigarette, -n _____

Seite 94–95

das Thema, Themen _____

das Alter (Sg.) _____

der Bär, -en _____

die Bärin, -nen _____

berichten _____

der Käfig, -e _____

leidtun, er/sie tut leid, er/sie hat leidgetan _____

_____

lieb _____

offiziell _____

schreien, er/sie hat geschrien _____

tierisch _____

ungewöhnlich _____

das Zuhause (Sg.) _____

zum Lachen bringen, er/sie hat zum Lachen

gebracht _____

Ich habe ihn zum Lachen gebracht. _____

_____

zusammenleben _____

teilen _____

1 Ein Unfall im Haushalt

1.1 Was passt? Verbinden Sie.

1. sich an der Hand
2. die Verletzung
3. ins Krankenhaus
4. in der Notaufnahme
5. mit einem Arzt

a fahren
b warten
c verletzen
d blutet stark
e sprechen

1.2 Was passiert? Sehen Sie die Bilder an und schreiben Sie mit den Wörtern in 1.1 Sätze.

1. Die Frau schneidet Gemüse und ...

2 Einen Notruf machen

2.18 **2.1** In der Notaufnahme. Wie viele Patienten hatte Dr. Faller heute? Hören Sie und kreuzen Sie an.

1. ☐ fünf   2. ☐ acht   3. ☐ elf   4. ☐ sechzehn

2.18 **2.2** Was ist passiert? Hören Sie noch einmal und ordnen Sie die Fotos zu. Ergänzen Sie danach die Sätze.

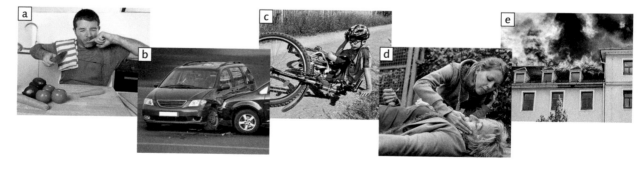

1. ☐ Der kleine Junge ist vom Fahrrad _____
2. ☐ Die drei Personen am Vormittag hatten _____
3. ☐ Bei der Familie hat das _____
4. ☐ Die Patientin am Nachmittag ist _____
5. ☐ Der junge Mann hat _____

2.3 Zwei Notrufe. Sortieren Sie die zwei Gespräche.

Wer **ruft an?**

Wo **ist der Unfall?**

Was **ist passiert?**

Wie viele **Verletzte?**

Welche **Verletzungen?**

Hallo, hallo? Hier spricht Karl Gruber. Mein Kollege braucht Hilfe! – Hallo, mein Name ist Angelika Schmitz. Hier ist etwas passiert. – In der Firma, Meininger Straße 55. Wir sind im 3. Stock. – Mein Kollege ist plötzlich gefallen und jetzt ist er bewusstlos. – Äh ja, meine Nummer: 0157 89795126. – Die Büronummer ist: 040 23463421. – Hier gab es einen Autounfall. Es gibt zwei Verletzte. Sie bluten. – Ich bin auf der Autobahn. Auf der A1, kurz vor Bremen, bei Kilometer 86.

💬 Notrufzentrale, guten Tag. Sie sprechen mit Herrn Müller.

👍 _____ 👍 _____

_____ _____

💬 Bitte bleiben Sie ruhig. Wie ist Ihre Telefonnummer?

👍 _____ 👍 _____

_____ _____

💬 Wo sind Sie jetzt genau?

👍 _____ 👍 _____

_____ _____

💬 Was ist passiert und wie viele Verletzte gibt es?

👍 _____ 👍 _____

_____ _____

💬 Gut, ich schicke sofort einen Krankenwagen. Bitte legen Sie nicht auf. ...

.19 ◉ **2.4** Karaoke. Hören Sie und sprechen Sie die 👄-Rolle.

👂 ...

👄 Hallo, mein Name ist ... Hier ist etwas passiert.

👂 ...

👄 Ja, das hier ist meine Nummer.

👂 ...

👄 Ich bin auf der Autobahn. Auf der A1, kurz vor Bremen, bei Kilometer 86.

👂 ...

👄 Hier gab es einen Autounfall. Es gibt zwei Verletzte. Sie bluten. Bitte kommen Sie schnell!

👂 ...

2.5 Adjektive auf *-los* und *-bar*. Was passt? Ergänzen Sie.

ansprechbar – bewusstlos – erfolglos – erreichbar – essbar – grundlos – hilflos – waschbar

1. Sie hatte einen Unfall. Man kann nicht mit ihr sprechen, sie ist nicht _____ .

2. Wenn man keinen Erfolg hat, ist man _____ .

3. Ich habe ihn schon dreimal angerufen, aber er ist nicht _____ .

4. Die Person ist verletzt oder krank. Sie braucht Hilfe, weil sie _____ ist.

5. Diese Pflanze kann man essen, sie ist _____ .

6. Er ist gestürzt. Jetzt ist er nicht ansprechbar, weil er _____ ist.

7. Sie ärgert sich oft ohne Grund, sie ärgert sich _____ .

8. Das T-Shirt ist _____ . Man kann es bei 30 Grad waschen.

3 Im Krankenhaus

3.1 Was ist das? Ergänzen Sie.

→

1. Man bekommt die ... von der Krankenkasse. Beim Arzt und im Krankenhaus muss man sie zeigen. Dann muss man nichts bezahlen.
2. Diese Medikamente sind klein und helfen z. B. gegen Kopfschmerzen.
3. Wenn etwas weh tut, hat man ...
4. Wir können denken, weil wir ein ... haben.

↓

5. Sie hat sich am Kopf gestoßen. Jetzt hat sie eine leichte ...
6. Gesundes Essen, Sport und Entspannung sind gut für die ...
7. Hier kann man Medikamente kaufen.
8. An diesem Tag ist man geboren.
9. Sie kann keinen Joghurt essen, weil sie eine ... gegen Milchprodukte hat.
10. Manche Medikamente bekommt man in der Apotheke nur mit ...
11. Als er sich schlimm am Bein verletzt hat, hatte er eine ... und musste danach drei Wochen im Krankenhaus bleiben.
12. Die ... bezahlt meistens den Arztbesuch und die Medikamente.

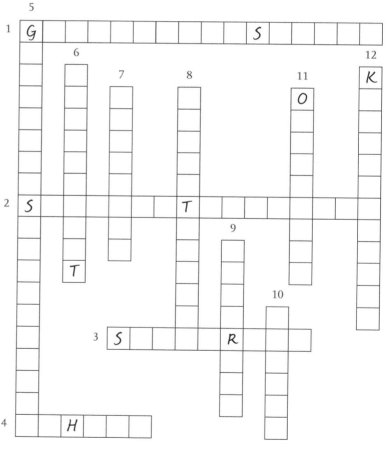

3.2 Was fehlt den Personen? Ordnen Sie zu.

Husten – Schmerzen in der Brust – sich geschnitten – starke Bauchschmerzen – eine Grippe –
Schnupfen

Sie hat ... _____   _____

_____   _____   _____

3.3 Beim Arzt. Was passt?
Ergänzen Sie.

Arme – Beine – gute Besserung – besser – fehlt – Grippe – im Bett –
Hals – Husten – müde – Rezept – Schnupfen – Tee – Tabletten

🗨 Guten Tag Frau Wacker. Was _____ Ihnen denn?

👍 Guten Tag. Ich habe seit einer Woche _____ und _____. Ich war im Bett,

habe viel _____ getrunken, aber ich bin immer noch erkältet.

🗨 Aha. Bitte öffnen Sie den Mund. Ah ja, Ihr _____ ist sehr rot. Haben Sie

Halsschmerzen?

👍 Ja, mein Hals tut sehr weh. Deshalb kann ich kaum essen. Mir tun auch die _____

und _____ weh. Ich schlafe viel, aber ich bin immer _____.

🗨 Ja, Frau Wacker, Sie haben keine einfache Erkältung, Sie haben eine _____. Ich

schreibe Ihnen jetzt ein _____ für ein Medikament. Nehmen Sie die _____

dreimal täglich – immer eine nach dem Essen.

👍 Okay, danke. Muss ich _____ bleiben?

🗨 Ja, Sie sollten viel schlafen. Aber wenn es Ihnen _____ geht, dürfen Sie auch einen

kleinen Spaziergang machen. Aber ziehen Sie sich warm an.

👍 Gut, das mache ich. Vielen Dank.

🗨 Auf Wiedersehen, Frau Wacker. Und _____!

2.20 ◉ **3.4** Welches Bild passt? Hören Sie vier Gespräche und kreuzen Sie an.

1. Was fehlt dem Mann?

2. Wann soll die Frau zum Arzt kommen?

3. Was fehlt noch für die Aufnahme im Krankenhaus?

4. Was soll die Kollegin tun?

4 Du solltest …

4.1 Eine gesunde Familie? Ergänzen Sie die Formen von *sollte*.

Ich _____ mehr schlafen.

Du _____ weniger arbeiten.

Unser Sohn, er _____ mehr Obst essen.

Wir alle _____ mehr Sport machen.

Aber ihr _____ euch öfter entspannen.

Alle Menschen _____ mehr Spaß im Leben haben!

4.2 Wiederholung: Imperativ. Lesen Sie die Tipps und schreiben Sie Sätze im Imperativ.

Ihre Apotheke informiert:

Unsere Tipps gegen Erkältung

Der Herbst ist da und mit ihm kommen oft Husten, Schnupfen und Halsschmerzen.
Mit ein paar einfachen Tipps kann man etwas gegen eine Erkältung tun.
So kommen Sie gesund durch die kalte Jahreszeit!

1. jeden Tag spazieren gehen und die richtige Kleidung tragen
2. viel frisches Obst und Gemüse essen
3. viel Tee trinken
4. warm <u>und</u> kalt duschen
5. Sport machen
6. genug schlafen

1. Gehen Sie jeden Tag spazieren und ...

4.3 Schreiben Sie zu den Sätzen in 4.2 Ratschläge mit *sollte*.

1. Sie sollten jeden Tag spazieren gehen und ...

4.4 Diktat. Hören und ergänzen Sie. Nutzen Sie die Pausentaste (⏸).

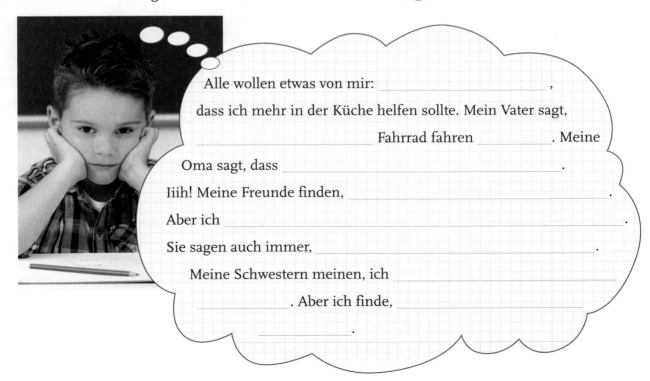

Alle wollen etwas von mir: _____,
dass ich mehr in der Küche helfen sollte. Mein Vater sagt,
_____ Fahrrad fahren _____. Meine
Oma sagt, dass _____.
Iiih! Meine Freunde finden, _____.
Aber ich _____.
Sie sagen auch immer, _____.
Meine Schwestern meinen, ich _____
_____. Aber ich finde, _____
_____.

5 Ratschläge geben

5.1 Dr. Winter rät. Lesen Sie die Fragen und ordnen Sie die Antworten zu. Eine Antwort fehlt.

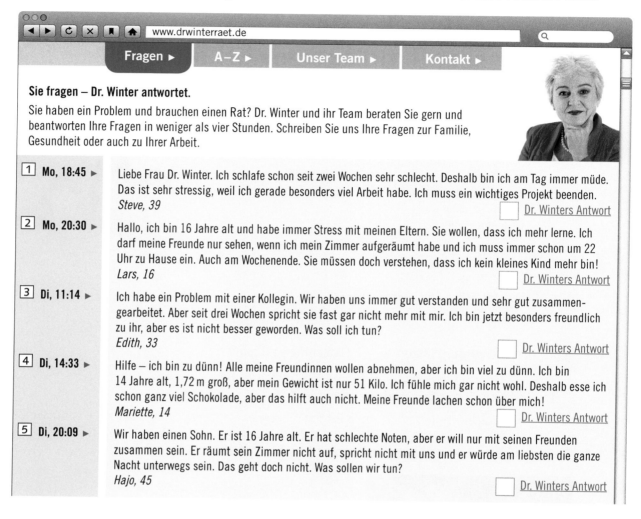

www.drwinterraet.de

| Fragen ▶ | A–Z ▶ | Unser Team ▶ | Kontakt ▶ |

Sie fragen – Dr. Winter antwortet.

Sie haben ein Problem und brauchen einen Rat? Dr. Winter und ihr Team beraten Sie gern und beantworten Ihre Fragen in weniger als vier Stunden. Schreiben Sie uns Ihre Fragen zur Familie, Gesundheit oder auch zu Ihrer Arbeit.

1 Mo, 18:45 ▶ Liebe Frau Dr. Winter. Ich schlafe schon seit zwei Wochen sehr schlecht. Deshalb bin ich am Tag immer müde. Das ist sehr stressig, weil ich gerade besonders viel Arbeit habe. Ich muss ein wichtiges Projekt beenden.
Steve, 39
☐ Dr. Winters Antwort

2 Mo, 20:30 ▶ Hallo, ich bin 16 Jahre alt und habe immer Stress mit meinen Eltern. Sie wollen, dass ich mehr lerne. Ich darf meine Freunde nur sehen, wenn ich mein Zimmer aufgeräumt habe und ich muss immer schon um 22 Uhr zu Hause ein. Auch am Wochenende. Sie müssen doch verstehen, dass ich kein kleines Kind mehr bin!
Lars, 16
☐ Dr. Winters Antwort

3 Di, 11:14 ▶ Ich habe ein Problem mit einer Kollegin. Wir haben uns immer gut verstanden und sehr gut zusammen-gearbeitet. Aber seit drei Wochen spricht sie fast gar nicht mehr mit mir. Ich bin jetzt besonders freundlich zu ihr, aber es ist nicht besser geworden. Was soll ich tun?
Edith, 33
☐ Dr. Winters Antwort

4 Di, 14:33 ▶ Hilfe – ich bin zu dünn! Alle meine Freundinnen wollen abnehmen, aber ich bin viel zu dünn. Ich bin 14 Jahre alt, 1,72 m groß, aber mein Gewicht ist nur 51 Kilo. Ich fühle mich gar nicht wohl. Deshalb esse ich schon ganz viel Schokolade, aber das hilft auch nicht. Meine Freunde lachen schon über mich!
Mariette, 14
☐ Dr. Winters Antwort

5 Di, 20:09 ▶ Wir haben einen Sohn. Er ist 16 Jahre alt. Er hat schlechte Noten, aber er will nur mit seinen Freunden zusammen sein. Er räumt sein Zimmer nicht auf, spricht nicht mit uns und er würde am liebsten die ganze Nacht unterwegs sein. Das geht doch nicht. Was sollen wir tun?
Hajo, 45
☐ Dr. Winters Antwort

a Machen Sie sich nicht so viele Sorgen. In Ihrem Alter ist es ganz normal, dass das Gewicht manchmal nicht zum Körper passt. Sie sollten ganz normal und gesund essen. Und wenn Ihre Freundinnen oder Freunde lachen, ärgern Sie sich nicht.

b Mit 16 Jahren ist man kein kleines Kind mehr. Natürlich muss jeder in die Schule gehen und die Noten sind wichtig. Aber man muss auch sein eigenes Leben leben. Das sollten Sie akzeptieren. Sie sollten einen „Gesprächstermin" machen. Kochen Sie sein Lieblingsessen und fragen Sie ihn, was für ihn am wichtigsten ist. Dann sagen Sie, was für Sie am wichtigsten ist und warum. Sie sollten Regeln mit ihm – nicht gegen ihn – machen.

c Sie sollten unbedingt offen sprechen! Laden Sie sie zum Kaffee oder Wein nach der Arbeit ein. Wenn sie das nicht will, dann sagen Sie, dass Sie mit ihr reden müssen. Streiten Sie nicht, fragen Sie ganz ruhig, was passiert ist. Und Sie sollten ihr auch sagen, dass Sie die Situation nicht verstehen und dass Sie sich ärgern. Dann antwortet sie bestimmt.

d Sie sollten etwas Gutes für sich tun! Arbeiten Sie nicht mehr als neun Stunden am Tag. Machen Sie dann Sport, gehen Sie spazieren oder treffen Sie Freunde. Es ist sehr wichtig, dass Sie sich entspannen. Wenige Stunden vor dem Schlafen sollte das Gehirn nicht mehr so viel arbeiten.

5.2 Was rät Frau Dr. Winter den Leuten? Lesen Sie noch einmal in 5.1 und schreiben Sie Sätze.

Was sollte man machen, ...
1. wenn man viel arbeitet und schlecht schläft?
2. wenn man sich mit 14 Jahren zu dünn findet?
3. wenn eine Kollegin plötzlich anders ist?
4. wenn man Probleme mit dem 16-jährigen Sohn hat?

> 1. Wenn man viel arbeitet und schlecht schläft, sollte man etwas Gutes für sich tun. Man sollte nicht mehr als ...

5.3 Und Sie? Was ist Ihre Meinung zu Frage 2 in 5.1? Schreiben Sie eine Antwort.

- ja: mit 16 kein Kind mehr
- aber: in Deutschland muss man bis 22 Uhr zu Hause sein(jünger als 18 Jahre)
- Tipps: • manchmal im Haushalt helfen
         • ruhig mit Eltern reden
         • zusammen eine Liste machen: Was ist wichtig für Sie/Ihre Eltern?

> Lieber Lars,
> ich finde auch, dass ...

6 Rote Nasen

6.1 Ein Radiointerview. Was ist richtig? Hören Sie und kreuzen Sie an.

1. ☐ Die kleine Lili ist krank. Ihre Eltern wollen, dass die Clowndoctors sie besuchen.
2. ☐ Lili war lange im Krankenhaus. Sie hatte oft Besuch von den Clowndoctors.
3. ☐ Lili war krank und will jetzt auch Clown werden, weil sie die Clowndoctors sehr mochte.

6.2 Was ist richtig? Hören Sie noch einmal und kreuzen Sie an.

	richtig	falsch
1. Als Lili acht Jahre alt war, kam sie ins Krankenhaus.	☐	☐
2. Jetzt ist sie wieder gesund.	☐	☐
3. Wenn die Clowns da waren, konnte Lili am Abend besser schlafen.	☐	☐
4. Die Clowns sind jede Woche einmal gekommen.	☐	☐
5. Zu Lili sind immer die gleichen Clowns gekommen.	☐	☐
6. Die Clowns haben mit Bällen jongliert.	☐	☐
7. Lili konnte über ihre Ängste sprechen.	☐	☐

Und in Ihrer Sprache?

Ihre Freundin / Ihr Freund ist sehr erkältet. Sie waren mit ihr/ihm beim Arzt und haben Notizen gemacht. Erklären Sie in Ihrer Muttersprache, was sie/er tun soll.

- viel Wasser trinken
- zwei Tage im Bett bleiben
- Medikament nehmen: 3x täglich 1 Tablette (mit Wasser)
- keinen Sport machen (1 Woche)

1 Einen Unfall / eine Verletzung beschreiben. Was ist passiert? Schreiben Sie Sätze.

1. Die Frau hat ...

Punkte
6

2 Einen Notruf machen. Beantworten Sie die Fragen.

1. 🗨 Hier ist die Notrufzentrale. Wie heißen Sie?
   👍 *Ich bin Anke Wittich.*

2. 🗨 Wo sind Sie genau?
   👍 _____

3. 🗨 Was ist passiert? Wie viele Verletzte gibt es?
   👍 _____

4. 🗨 Welche Verletzungen hat er? Ist er bewusstlos?
   👍 _____

Punkte
6

3 Dialoge beim Arzt führen. Welche Antwort passt? Kreuzen Sie an.

1. Guten Tag. Was fehlt Ihnen?
   a ☐ Muss ich ins Krankenhaus?
   b ☐ Ich bin gefallen. Jetzt ist mir schlecht.

2. Ist Ihnen schlecht geworden?
   a ☐ Nein, aber ich habe Kopfschmerzen.
   b ☐ Ja, ich habe Husten.

3. Nehmen Sie drei Tabletten täglich.
   a ☐ Muss ich Medikamente nehmen?
   b ☐ Brauche ich ein Rezept?

4. Sie dürfen nach Hause gehen.
   a ☐ Soll ich im Bett bleiben?
   b ☐ Wo ist die Notaufnahme?

Punkte
4

4 Ratschläge geben. Schreiben Sie Sätze mit *sollte-* in Ihr Heft.

heiße Milch trinken – weniger arbeiten – die 112 anrufen – Sport machen

Punkte
4

1. Meine Freunde haben nie Zeit.
2. Wie können wir wieder fitter werden?
3. Mein Mann ist gestürzt und er ist bewusstlos.
4. Meine Mutter kann oft nicht schlafen.

Punkte gesamt
17–20: Super!
11–16: In Ordnung.
0–10: Bitte noch einmal wiederholen!

Seite 96–97

das Blut (Sg.) _____

    bluten _____

das Krankenhaus, -äu-er _____

der Krankenwagen, - _____

die Notaufnahme, -n _____

der Patient, -en _____

die Patientin, -nen _____

    (sich) stoßen, er/sie stößt, er/sie hat gestoßen ____

    _____

    (sich) verletzen _____

die Verletzung, -en _____

    putzen _____

    (sich) Sorgen machen _____

der Finger, - _____

    bewusstlos _____

der Notruf, -e _____

    stürzen _____

    ansprechbar _____

    auflegen _____

    Legen Sie nicht auf. _____

die Autobahn, -en _____

das Bewusstsein (Sg.) _____

die Brust, -ü-e _____

    Er hat Schmerzen in der Brust. _____

    erreichbar _____

    erreichen _____

    hilflos _____

    kaum _____

der Verletzte, -n _____

die Verletzte, -n _____

Seite 98–99

das Geburtsdatum, -daten _____

die Gesundheitskarte, -n _____

die Krankenkasse, -n _____

die Krankheit, -en _____

die Operation, -en _____

das Gehirn, -e _____

die Gehirnerschütterung, -en _____

das Rezept, -e _____

die Schmerztablette, -n _____

die Grippe, -n _____

der Husten (Sg.) _____

    Mir ist schlecht. _____

    Mir ist schlecht geworden. _____

der Schnupfen (Sg.) _____

    auf jeden Fall _____

    einschlafen _____

der Kamillentee, -s _____

Seite 100–101

der Clown, -s _____

die Clownin, -nen _____

der Humor (Sg.) _____

    jonglieren _____

der Krankenpfleger, - _____

die Krankenpflegerin, -nen _____

der Künstler, - _____

die Künstlerin, -nen _____

Deutsch aktiv 11|12 / Panorama VI

    unternehmen, er/sie unternimmt, er/sie hat

    unternommen _____

der Wettkampf, -ä-e _____

der Verein, -e _____

    reden _____

1 Essen in Basel

1.1 Suchen Sie 16 Wörter zum Thema Essen. Ergänzen Sie bei den Nomen die Artikel und den Plural.

B	T	K	V	E	G	E	T	A	R	I	S	C	H	Z
I	S	P	E	Z	I	A	L	I	T	Ä	T	K	U	U
O	A	P	G	E	W	Ü	R	Z	Y	R	E	Ü	N	T
E	L	G	E	R	I	C	H	T	I	K	T	C	R	A
S	A	U	T	H	E	N	T	I	S	C	H	H	S	T
N	T	E	R	F	R	I	S	C	H	R	B	E	U	O
A	T	R	A	D	I	T	I	O	N	E	L	L	P	L
C	L	E	I	C	H	T	E	N	U	S	S	C	P	W
K	J	U	S	C	H	A	R	F	L	E	C	K	E	R

Nomen	Adjektive
das Gericht, -e	scharf

1.2 Das Street Food Festival Basel. Lesen Sie und ordnen Sie die Überschriften zu.

Exotische Snacks – Pasta und mehr – Wie zu Hause – Leckeres aus Asien – Was ist Street Food?

19.–21. August, Messe

Street Food Festival Basel

1 _____

Man kocht Gerichte aus frischen Zutaten und verkauft sie – direkt auf der Straße. Das hat in Ländern wie Thailand und Vietnam Tradition, aber ist auch in Großstädten wie Berlin, New York und London schon lange sehr beliebt. Seit 2015 gibt es diesen Trend auch in der Schweiz: Jedes Jahr finden in Zürich, Bern, Basel und anderen Schweizer Städten Street Food Festivals statt. Dort kann man verschiedene Gerichte aus der ganzen Welt probieren.

Hier sind unsere Tipps für das Street Food Festival Basel:

2 _____

Wenn Sie ungewöhnliche Gewürze mögen, aber nichts Scharfes, empfehlen wir die arabische Küche. Bei **Al Iwan** können Sie zum Beispiel *Falafel* mit Gemüse und Brot genießen. Oder die beliebte Spezialität *Baklawa* – ein süßer Kuchen aus Nüssen.

3 _____

Sushi und *Sashimi* sind leichte Fischspezialitäten aus Japan. Bei **Kumo** können Sie sie probieren. Wenn Sie lieber ganz ohne Fisch und Fleisch essen, empfehlen wir einen Besuch bei **Saikoro**. Dort können Sie *Ramen* essen – eine Nudelsuppe mit frischem Gemüse.

4 _____

Genießen Sie authentische Pizzen und Nudelgerichte aus Italien in der **Cucina Toscana**. Sie haben Appetit auf etwas Süßes? Kein Problem! In der **Gelateria Primavera** gibt es viele Eissorten und Kuchen.

5 _____

Natürlich gibt es auf dem Festival auch viel Leckeres und Traditionelles aus der Schweiz, wie zum Beispiel *Rösti* – das berühmte Kartoffelgericht – und *Käsefondue* bei **Schwiizer Chuchi**.

1.3 Was ist richtig? Kreuzen Sie an.

	richtig	falsch
1. Street Food kann man in Asien häufig essen.	☐	☐
2. Die Gerichte von *Al Iwan* sind exotisch und scharf.	☐	☐
3. Wenn man etwas Vegetarisches mag, ist *Saikoro* gut.	☐	☐
4. Etwas Süßes bekommt man in der *Cucina Toscana*.	☐	☐
5. Das Essen bei *Schwiizer Chuchi* ist modern und international.	☐	☐

2 Was essen Sie gern?

2.1 Wie sind die Lebensmittel? Ordnen Sie zu.

bitter: *Bier, ...* _____

frisch: _____

_____

salzig: _____

sauer: _____

scharf: _____

süß: _____

2.2 Wiederholung: Nebensätze mit *wenn*. Was isst Thomas gern? Was isst er nicht? Schreiben Sie Sätze mit *etwas* und *nichts*.

1. fernsehen →
2. Mittag essen →
3. Kaffee trinken →

4. frühstücken →
5. Bier trinken →
6. Sport machen →

> 1. Wenn Thomas fernsieht, isst er gern etwas Salziges.

2.3 Und Sie? Was essen Sie wann (nicht) gern? Schreiben Sie Sätze mit den Verben aus 2.2.

> 1. Wenn ich fernsehe, esse ich gern etwas .../esse ich nichts ...

2.4 *Etwas Schönes* oder *nichts Schönes*? Was passt? Ergänzen Sie.

🗨 Ich suche **etwas Schönes** (schön) als Geburtstagsgeschenk für meine Frau.

👍 Dann empfehle ich Ihnen Schmuck. Wir haben diese Ringe. Wie finden Sie diese hier?

🗨 Sie sind zu altmodisch. Meine Frau mag _____ (altmodisch).

Sie sind auch alle zu groß und zu schwer. Meine Frau trägt _____ (groß). Sie hat so kleine Finger.

👍 Dann lieber _____ (elegant)?

🗨 Ja, genau, _____ (fein) passt gut zu ihr. Wie diese Ringe hier.

👍 Gern. Sie kosten zwischen 350 und 1000 Euro.

🗨 Oh! Ich kann leider _____ (teuer) kaufen.

👍 Alles klar. Vielleicht finden wir noch _____ (günstig).

3 Restaurant-Empfehlungen

3.1 Welche Anzeige passt zu wem? Ordnen Sie zu.

1. ☐ Frau Beering möchte ihre Kunden aus den USA am Dienstag zu einem typisch deutschen Abendessen einladen.

2. ☐ Familie Heinzl will mit den zwei kleinen Kindern im Stadtzentrum frühstücken.

3. ☐ Herr Stricker und seine Kollegen wollen Mittag essen. Sie haben aber wenig Zeit und wollen deshalb nicht in ein Restaurant gehen.

4. ☐ Sophie und Javier möchten heiraten und suchen einen schönen Ort zum Feiern mit ihren vielen Gästen.

a

Zum Storch

Das beliebte Ausflugsrestaurant am Park bietet traditionelle Küche, aber auch viele internationale Gerichte.

Das Restaurant hat Platz für 180 Personen, eine schöne Aussicht auf den See und einen Spielplatz für Kinder.

Der perfekte Ort für Familienfeste oder Veranstaltungen, nur 10 km außerhalb von der Stadt!

Nur am Wochenende von 11 bis 22 Uhr geöffnet.

b

Lunchbox

Unser kleines, freundliches asiatisches Restaurant im Zentrum hat ein großes Angebot an vielen – auch vegetarischen – Nudelgerichten, auch zum Mitnehmen.

Lieferservice an Firmen im Stadtzentrum möglich.

Wir haben von Montag bis Sonntag von 11 bis 24 Uhr geöffnet.

c

•Leckerbissen•

Leckere selbst gemachte Snacks und Kuchen im veganen Café in der Altstadt.

Alles ist bio und aus der Region.

Für die kleinen Gäste gibt es einen Spielplatz im Hof hinter dem Café.

Mo – Sa 8.00 bis 17 Uhr geöffnet, Frühstück bis 15 Uhr.

d

Rathauskeller

Genießen Sie deutsche Küche und die besten deutschen und internationalen Weine in unserem ruhigen und gemütlichen Restaurant.

Gerichte mit Fisch und Fleisch sind unsere Spezialitäten.

Täglich 10 bis 23 Uhr geöffnet.

3.2 Ergänzen Sie die 👄-Rolle.

Das Eis würde ich auch gern einmal probieren. – Das klingt lecker! Was kann man als Nachtisch essen? – Ich esse kein Huhn. Gibt es etwas Vegetarisches? – Ja, gern! Das ist eine gute Idee. – Ich mag nichts Scharfes. Kannst du etwas anderes empfehlen? – Kennst du ein gutes Restaurant im Stadtzentrum? – Wie ist das Curry?

👄 _____

👂 Mein Lieblingsrestaurant heißt Lunchbox. Dort gibt es zum Beispiel Curry mit Reis.

👄 _____

👂 Es ist sehr gut, wenn du etwas Scharfes möchtest.

👄 _____

👂 Als Hauptgericht empfehle ich Nudeln mit Huhn und Zwiebeln. Das ist mild.

👄 _____

👂 Ja, der Reissalat mit Paprika und Mango ist sehr gut.

👄 _____

👂 Als Nachtisch esse ich am liebsten das selbst gemachte Fruchteis mit Nüssen.

👄 _____

👂 Wenn du willst, können wir morgen Mittag zusammen dort hingehen.

👄 _____

3.3 Karaoke. Hören Sie und sprechen Sie die 👄-Rolle.

3.4 Diktat. Hören und ergänzen Sie. Nutzen Sie die Pausentaste (⏸).

Das neue Café _Leckerbissen_ _____ . Dort gibt es _____ und selbst gemachtes Brot _____ _____ . Das ist perfekt für ein leichtes Essen. Wenn Sie Mittag essen wollen, gibt es auch _____ _____ . Wenn man _____ möchte, empfehle ich den Schokoladenkuchen. Das Café ist _____ und die Preise sind ziemlich günstig: vier Euro für _____ _____ für sechs Euro.

3.5 Lesen Sie noch einmal die Anzeige für den Rathauskeller in 3.1. Schreiben Sie eine kurze Empfehlung in Ihr Heft.

4 Im Restaurant

4.1 Was passt nicht? Streichen Sie durch.

1. Gabel – Messer – Serviette – Löffel
2. Teller – Öl – Tasse – Glas
3. bitter – vegan – salzig – scharf
4. Zucker – Knoblauch – Pfeffer – Essig
5. Vorspeise – Abendessen – Nachtisch – Hauptgericht

4.2 Was passt? Lesen Sie die Speisekarte und ergänzen Sie.

Beilagen und Gemüse – ~~Hauptgerichte~~ – Hähnchen – Tomatensalat – Nachtisch – Pommes frites – Suppen und Vorspeisen – Obstsalat mit Sahne

Restaurant Zur alten Mühle

1 _____		5 _____	
Zwiebelsuppe	4,90 €	Champignons	3,00 €
Oliven	3,90 €	Grüne Bohnen	2,00 €
2 _____	5,90 €	6 _____	3,00 €
3 *Hauptgerichte*		7 _____	
Pizza	9,50 €	Schokokuchen	3,50 €
Steak	12,90 €	8 _____	4,50 €
Lammkotelett	11,90 €	Eis (3 Sorten)	5,50 €
4 _____	9,50 €		

5 Welchen Rotwein? – Diesen Rotwein hier.

2.25 **5.1** Was schmeckt Ihnen am besten? Unterstreichen Sie. Hören Sie dann und antworten Sie mit Nominativ wie im Beispiel.

1. Schwarztee/Kamillentee/Grüntee
2. Nusstorte/Apfeltorte/Schokoladentorte
3. Schokoladeneis/Mangoeis/Vanilleeis

> *Welcher Tee schmeckt Ihnen am besten?*

> *Dieser Tee. Der Kamillentee schmeckt mir am besten.*

5.2 Hören Sie und antworten Sie mit Ihren Informationen aus 5.1 mit Akkusativ wie im Beispiel.

> *Welchen Tee möchten Sie?*

> *Ich möchte diesen Tee, bitte. Den Kamillentee.*

5.3 *Welch-* oder *dies-*? Ergänzen Sie.

1. 👍 In <u>welches</u> Restaurant wollen wir gehen?

   💬 _____ Restaurant sieht nett aus, meinst du nicht?

   👍 Ja, okay. Probieren wir es!

2. 👍 Guten Tag. Haben Sie einen Tisch für zwei Personen?

   💬 Ja, gern. _____ Tisch ist frei oder der Tisch neben der Tür. Sie können aber auch _____ Tisch hier in der Ecke haben.

   👍 _____ Tisch nehmen wir?

   💬 Den in der Ecke.

3. 💬 So, was möchten Sie trinken?

   💬 Für mich ein Glas Rotwein, bitte.

   💬 Wir haben verschiedene Rotweine, _____ Wein möchten Sie?

   💬 Ich weiß nicht. Ist _____ Wein gut?

   💬 Der Merlot? Ja, er ist sehr gut.

   👍 Ich trinke lieber etwas Süßes. _____ süßen Rotwein empfehlen Sie mir?

   💬 Ich empfehle Ihnen _____ Wein, den Rialto, er schmeckt sehr gut.

   👍 Okay, danke. Dann nehme ich _____ Wein, den Rialto.

4. 💬 Haben Sie schon gewählt?

   👍 Ja. Aber wir möchten nur eine Vorspeise.

   💬 Kein Problem. _____ Vorspeise möchten Sie?

   👍 _____ hier bitte: die Garnelen.

   💬 Garnelen. Gern, kommt sofort.

5.4 Welche Antwort passt? Hören Sie und kreuzen Sie an.

1. a ☐ Ja, eine Flasche Wasser, bitte. b ☐ Ja, die Forelle vom Grill, bitte.
2. a ☐ Ja, ich nehme das Steak mit Bohnen. b ☐ Nein, danke.
3. a ☐ Ja, eine Tasse Tee mit Milch. b ☐ Nein, danke. Das ist alles.
4. a ☐ Ja, sehr gut, danke. b ☐ Danke, das ist alles.
5. a ☐ Ja, ich möchte zahlen, bitte. b ☐ Die Pommes frites sind zu salzig.

5.5 Im Restaurant. Was passt? Ordnen Sie die Sätze den Fotos zu.

bestellen

sich beschweren

falsche Rechnung

1, ...

1. Ich empfehle Ihnen einen Weißwein.
2. Das tut mir aber leid. Sie bekommen einen neuen.
3. Ich nehme den Fisch mit Kartoffeln und Salat.
4. Die Rechnung ist falsch. Ich hatte keinen Kuchen.
5. Hmm, eigentlich nicht. Der Salat ist viel zu salzig.
6. Sie haben Recht. Das ist falsch. Entschuldigung.
7. Haben Sie schon gewählt?
8. Welchen Wein empfehlen Sie?
9. Sofort! Hier, die Rechnung.
10. Vielen Dank. Das ist sehr nett.
11. Schmeckt es Ihnen?
12. Zahlen, bitte!

5.6 Bringen Sie die Sätze in 5.5 in die richtige Reihenfolge und schreiben Sie die drei Dialoge.

> a Kellner: Haben Sie schon gewählt?
> Gast: Ich nehme ...

6 Die Schweiz – ein Land für Feinschmecker

2.28 **6.1** In einem Restaurant in der Schweiz. Was ist das Problem? Hören Sie und kreuzen Sie an.

1. ☐ Die Frau isst nur vegetarisch, aber alle Gerichte sind mit Fleisch.
2. ☐ Der Kellner kennt die Gerichte nicht und muss in der Küche nachfragen.
3. ☐ Die Frau kennt einige Gerichte nicht. Sie bittet den Kellner um Hilfe.

2.28 **6.2** Was ist richtig? Hören Sie noch einmal und kreuzen Sie an.

	richtig	falsch
1. Die Frau bestellt eine Wähe.	☐	☐
2. Das Gericht Egli ist nicht vegetarisch.	☐	☐
3. Den Fisch gibt es mit Kartoffelsalat.	☐	☐
4. Die Frau kennt Polenta.	☐	☐
5. Die Polenta gibt es auch vegetarisch.	☐	☐
6. Der Nidelfladen ist mit Nüssen.	☐	☐

6.3 Welches Gericht ist das? Ordnen Sie die Fotos zu.

„Schwiizer Chuchi"

Schweizer Küche

Die Schweizer Küche hat viel mit der deutschen, französischen und norditalienischen Küche gemeinsam. Die Schweizer Schokolade ist in der ganzen Welt bekannt und neben den vielen leckeren Käsesorten (wie Appenzeller, Emmentaler, Gruyère) gibt es auch typische Gerichte. Diese sind in der Schweiz und weltweit sehr beliebt. Hier sind ein paar Beispiele:

☐ **Raclette**
Raclette ist eine Schweizer Käsesorte, aber auch ein Gericht:
heißer Käse mit Gschwellti (das sind gekochte Kartoffeln), Essiggurken und Zwiebeln.

☐ **Älplermagronen**
Das ist ein Gericht aus Kartoffeln, Magronen (das ist eine Nudelsorte), Käse, Sahne und Zwiebeln. Und als Beilage gibt es Apfelmus, ein gekochter Brei aus Äpfeln.

☐ **Käsefondue**
Käsefondue kann man einfach machen und es ist sehr lecker: heißer Käse und Brot. Man benutzt eine lange Gabel und gibt die kleinen Brotstücke in den weichen Käse.

☐ **Rösti**
Das ist ein heißer, sehr dünner Kuchen aus Kartoffeln. Man isst Rösti mit Apfelmus oder nimmt die Rösti als Beilage zu Fleischgerichten.

6.4 Lesen Sie noch einmal und beantworten Sie die Fragen.

1. Welches Gericht ist ohne Gemüse? _____

2. Zu welchen Gerichten isst man gekochtes Obst? _____

3. Welches Gericht kann man essen, wenn man eine Milchallergie hat? _____

4. Was isst man zu Älplermagronen? _____

Und in Ihrer Sprache?

2.29 ◉

1 Sie sitzen mit einer Freundin / einem Freund in einem Restaurant. Sie/Er spricht nicht so gut Deutsch. Sie fragen den Kellner, was er empfiehlt. Hören Sie seine Antwort und machen Sie Notizen.

2 Berichten Sie Ihrer Freundin / Ihrem Freund in Ihrer Muttersprache.

Suppe:
Hauptgericht:
Nachtisch:

Alles klar?

1 Über Essgewohnheiten sprechen / Vorlieben ausdrücken

1.1 Was essen die Personen gern? Was essen sie nicht? Ordnen Sie zu und schreiben Sie Sätze.

a | b | c | d | e | f

1. $\boxed{a}$ Rebekka: Ich esse vegan.

2. $\boxed{}$ Pietro: Nachmittags esse ich gern Obst.

3. $\boxed{}$ Mario: Wenn ich Nüsse esse, bekomme ich eine Allergie.

4. $\boxed{}$ Ina: Ich habe eine Fischallergie.

5. $\boxed{}$ Tom: Ich esse viel Gemüse.

6. $\boxed{}$ Olga: Am liebsten esse ich Steak.

Punkte 5

> 1a Rebekka isst keine Eier.

1.2 Was essen Sie gern? Was essen Sie nicht gern? Schreiben Sie Sätze mit *etwas* und *nichts*.

süß – salzig – bitter – sauer – frisch – scharf

1. morgens   2. mittags   3. nachmittags   4. abends

Punkte 4

2 Ein Restaurant empfehlen/vorschlagen – zustimmen – ablehnen. Bringen Sie die Sätze in die richtige Reihenfolge.

a $\boxed{}$ Oh, Eis esse ich sehr gern. Das probiere ich.

b $\boxed{}$ Mein Lieblingsrestaurant heißt *Al Capone*. Es ist ein italienisches Restaurant. Es gibt dort leckere Nudelgerichte mit Gemüse.

c $\boxed{}$ Ich möchte mit meinem Freund vegetarisch Essen gehen. Welches Restaurant können Sie mir empfehlen?

d $\boxed{}$ Und welcher Nachtisch schmeckt Ihnen im *Al Capone* besonders gut?

e $\boxed{}$ Ich empfehle Ihnen das Schokoladeneis mit Kirschen.

Punkte 5

3 Im Restaurant bestellen – reklamieren – bezahlen. Schreiben Sie die Dialoge in Ihr Heft.

1. 🗨 Haben Sie schon gewählt? 🗨 ... (*Steak, Pommes, Champignons*) 🗨 Sehr gern.

2. 🗨 ... (*Suppe zu kalt*) 🗨 Das tut mir leid. Ich bringe Ihnen eine neue.

3. 🗨 Gibt es ein Problem? 🗨 Ja, ... (*falsche Rechnung: kein Nachtisch*) 🗨 Darf ich mal sehen? Ja, Sie haben Recht. Entschuldigung!

Punkte 6

Punkte gesamt
17–20: Super!
11–16: In Ordnung.
0–10: Bitte noch einmal wiederholen!

Seite 106–107

die Altstadt, -ä-e _____

   aromatisch _____

   authentisch _____

die Beilage, -n _____

   Was empfehlen Sie mir als Beilage? _____

   _____

   bitter _____

die Erdnuss, -ü-e _____

   frisch _____

das Fruchteis (Sg.) _____

das Gericht, -e _____

das Gewürz, -e _____

das Hauptgericht, -e _____

die Kantine, -n _____

   mild _____

das Motto, -s _____

der Nachtisch (Sg.) _____

   Als Nachtisch nehme ich ... _____

   _____

die Nuss, -ü-e _____

   perfekt _____

   salzig _____

   scharf _____

die Suppe, -n _____

   vegan _____

   vegetarisch _____

   verwenden _____

die Zutat, -en _____

Seite 108–109

die Bohne, -n _____

der Champignon, -s _____

das Essig (Sg.) _____

die Forelle, -n _____

die Gabel, -n _____

der Grill, -s _____

das Kartoffelpüree, -s _____

die Kirsche, -n _____

der Knoblauch (Sg.) _____

das Lammkotelett, -s _____

der Löffel, - _____

das Messer, - _____

die Olive, -n _____

der Pfeffer (Sg.) _____

der Rotwein, -e _____

das Schnitzel, - _____

die Serviette, -n _____

das Steak, -s _____

   trocken _____

   Dieses Steak ist sehr trocken. _____

   _____

die Vorspeise, -n _____

Seite 110–111

der Betrieb, -e _____

   braten, er/sie brät, er/sie hat gebraten _____

   _____

der Feinschmecker, - _____

das Gebäck, -e _____

der Gulasch, -e _____

die Identität, -en _____

der Knödel, - _____

der Pfannkuchen, - _____

   regional _____

   ursprünglich _____

   Das Schnitzel kommt ursprünglich aus Italien. ___

   _____

1 Kaufen oder shoppen? Was ist das? Ergänzen Sie.

$\longrightarrow$

1. Das Kleid passt mir nicht. Ich brauche eine andere ...
2. In diesem Gebäude gibt es viele verschiedene Geschäfte, Cafés und Restaurants.
3. Man bekommt sie in den Ge-schäften und man kann den Einkauf tragen. Sie ist aus Plastik.

$\downarrow$

4. Ich möchte wissen, ob die Hose passt. Ich muss sie ...
5. Hier kann man in einem Geschäft bezahlen.
6. In diesem Gebäude gibt es viele Parkplätze.
7. Tipps (beim Einkaufen) geben; sagen, was man gut findet und warum
8. sehr genau sehen oder gucken
9. Dieses Geschäft hat ein besonderes Angebot an Kleidung oder Schuhen.

2 Leserbriefe

2.1 Was passt? Ergänzen Sie in der richtigen Form.

shoppen gehen – Zeit brauchen – ~~Geld ausgeben~~ – sinnlose Dinge – das Verhalten beschreiben

1. Sie will für ein Auto sparen. Deshalb kann sie nicht so viel Geld *ausgeben* .
2. Im Einkaufszentrum habe ich alle Geschäfte in der Nähe. Deshalb _____ ich nicht viel _____ .
3. Ich liebe Boutiquen und Designer-Geschäfte, denn ich _____ gern _____ .
4. Herr Schuster sitzt gerne in Einkaufszentren. Er beobachtet und _____ von den Leuten.
5. Wenn man emotional einkauft, gibt man oft Geld für _____ aus.

2.2 Was ist falsch? Hören Sie und streichen Sie die falsche Antwort durch.

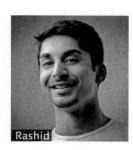

1. Angelika stimmt der Meinung
   von Herrn Schuster *zu / nicht zu.*

2. Rashid findet, dass Herr Schuster
   Recht hat / nicht Recht hat.

2.3 Was ist richtig? Hören Sie noch einmal und kreuzen Sie an.

	richtig	falsch
1. Angelika geht gern mit ihren Freundinnen shoppen.	☐	☐
2. Ihre Freundinnen kaufen meistens etwas.	☐	☐
3. Rashids Freundin bestellt lieber im Online-Shop.	☐	☐
4. Rashid geht am liebsten allein shoppen.	☐	☐

2.4 Und Sie? Wie ist Ihre Meinung? Lesen Sie noch einmal den Artikel im Kursbuch auf Seite 112 und schreiben Sie einen Leserbrief an Herrn Schuster. Achten Sie auch auf die Anrede und den Gruß.

Sehr geehrter Herr Schuster,
ich finde …

3 Relativsätze (Nominativ): Ein Parkplatz, der …

3.1 Hauptsätze und Relativsätze. Was passt zusammen? Verbinden Sie.

1. Ich suche einen Baumarkt,
2. Ich suche eine Buchhandlung,
3. Ich möchte ein Einkaufszentrum,
4. Ich liebe Boutiquen,
5. Ich mag keine Geschäfte,
6. Ich brauche eine Verkäuferin,
7. Ich habe schon viele Verkäufer getroffen,
8. Ich fahre nicht gern zu einem Supermarkt,

a das abends lange geöffnet hat.
b die keine Zeit für die Kunden hatten.
c die auch Bücher auf Englisch hat.
d der nicht genug Parkplätze hat.
e der ein großes Angebot hat.
f die unfreundliche Verkäufer haben.
g die elegante Mode anbieten.
h die gut beraten kann.

3.2 Schreiben Sie die Sätze aus 3.1 und markieren Sie die Bezugswörter und die Relativpronomen wie im Beispiel.

1e Ich suche einen __Baumarkt__, __der__ ein großes Angebot hat.

3.3 Und Sie? Schreiben Sie Relativsätze.

mich persönlich beraten – freundlich sein – viele/wenige Verkäufer haben – viele/wenige Parkplätze haben – Zeit für mich haben – günstig/teuer sein

1. Ich möchte ein Einkaufszentrum, *das ...* _____
2. Ich brauche einen Verkäufer, _____
3. Ich mag keine Geschäfte, _____
4. Ich suche immer eine Verkäuferin, _____

3.4 Personen im Einkaufszentrum. Schreiben Sie Definitionen wie im Beispiel.

1 der Optiker/die Optikerin

2 der Kellner/die Kellnerin

3 der Gast

4 der Verkäufer/die Verkäuferin

5 der Kunde/die Kundin

6 die Reinigungskraft

in einem Geschäft etwas kaufen – in einem Geschäft arbeiten und Dinge verkaufen – in einem Café oder Restaurant sitzen und etwas essen oder trinken – im Café oder Restaurant das Essen und die Getränke bringen – Kunden beraten und Brillen verkaufen und reparieren – im Einkaufszentrum putzen

1. Ein Optiker/eine Optikerin ist eine Person, die Kunden berät und ...
2. Ein Kellner/eine Kellnerin ist ein Mensch, ...

4 Im Einkaufszentrum

2.31 **4.1** Durchsagen im Kaufhaus. Was ist falsch? Hören Sie und streichen Sie durch.

1. Im Januar ist *Kinderkleidung/Spielzeug* im Angebot.
2. Das Geschäft hat von *7 bis 14 Uhr/9 bis 20 Uhr* geöffnet.
3. Das Café-Restaurant „Panorama" bietet *heute/jeden Sonntag* Kaffee- und Kuchenspezialitäten an.
4. Heute gibt es *Sportschuhe/Herrenschuhe* besonders günstig.
5. Im ersten Stock gibt es *Parfüms/Seifen* im Sonderangebot.

32 ⊙ **4.2** Diktat. Hören und ergänzen Sie. Benutzen Sie die Pausentaste (⏸).

> Ich kenne ein tolles Einkaufszentrum, _____
> _____ : Das *Mira* in München. _____ .
> Ich liebe _____ und ich kaufe gerne _____ , _____ ,
> _____ , manchmal auch Möbel oder _____
> _____ von meiner Schwester. _____ ,
> es in einem Einkaufszentrum auch _____ ,
> weil ich gerne kleine Pausen mache und _____ .

4.3 Wie heißen die Geschäfte? Schreiben Sie die Wörter mit Artikel.

1.  4.  7.

2.  5.  8.

3.  6.  9.

4.4 Wiederholung: Nebensätze mit *wenn*. Wo kaufen Sie was? Schreiben Sie Sätze wie im Beispiel.

der Drucker
das Papier
die Sonnenbrille
der E-Book-Reader
das Jackett
die Gewürze
der Reiseführer
die Krawatte
das Parfüm
der Kamillentee
die Sonnencreme
die Seife
die Schere
das Ladekabel
das Hemd
der Lippenstift
die Zeitschrift
der Fotoapparat
das Kinderbuch
die Schmerztabletten (Pl.)

> Wenn ich einen Reiseführer suche,
> gehe ich in eine Buchhandlung.

33 ⊙ **4.5** Karaoke. Hören Sie und sprechen Sie die 👄-Rolle.

👄 Sag mal, wo ist der Elektromarkt, der gerade Fernseher im Angebot hat?

👂 ...

👄 Ja, es gibt eine Buchhandlung, die sehr viele englische Bücher hat, im zweiten Stock, rechts neben der Drogerie.

👂 ...

👄 Okay. Und danach gehen wir in das Restaurant, das diese leckeren vegetarischen Suppen hat.

👂 ...

4.6 In welchen Stock muss man gehen? Lesen Sie und kreuzen Sie an.

Kaufhaus

4. Stock: Fotoapparate – Elektroartikel – Laptops – Computer – Tablets – Smartphones – Drucker – Software – Fernseher – Spielzeug – Kinderkleidung – Kinderschuhe – Restaurant

3. Stock: Kinderwagen – Möbel – Lampen – Gardinen – Teppiche – Artikel für Küche und Bad – Handtücher – Dekorationsartikel für die Wohnung

2. Stock: Herrenmode – Kleidung für Büro und Freizeit – Mäntel und Jacken – Sportkleidung – Sportschuhe – Fahrräder – Schuhreparatur – Reparatur von Uhren und Kleingeräten – CDs und DVDs – Geschenkartikel

1. Stock: Damenmode – Kostüme – Mäntel – Abendkleider – Koffer – Reisebüro – Flugtickets – Bustouren – Urlaubsreisen – Hotelbuchungen – Kundentoilette

Erdgeschoss: Schreibwaren – Bücher – Zeitungen und Zeitschriften – Kosmetik – Parfüms – Taschen – Uhren und Schmuck – Optiker – Blumen – Zigaretten – Schlüssel-Dienst – Theaterkarten – Information

---

1. Ihre Uhr ist kaputtgegangen und Sie möchten eine neue kaufen.
   a ☐ Erdgeschoss
   b ☐ 2. Stock
   c ☐ anderer Stock

2. Sie fliegen nach Indonesien und brauchen deshalb eine Sonnencreme.
   a ☐ 1. Stock
   b ☐ 2. Stock
   c ☐ anderer Stock

3. Herr Wagner braucht ein neues Jackett für die Arbeit.
   a ☐ 4. Stock
   b ☐ 1. Stock
   c ☐ anderer Stock

4. Frau Jin sucht Papier und Stifte zum Malen.
   a ☐ 4. Stock
   b ☐ Erdgeschoss
   c ☐ anderer Stock

5 Relativsätze (Akkusativ): Wo ist der Laden, den …?

5.1 Wiederholung: Verben mit Akkusativ. Unterstreichen Sie den Akkusativ und markieren Sie das Verb wie im Beispiel.

🗨 Ich brauche eine Sonnencreme. Hast du hier im Einkaufszentrum eine Drogerie gesehen?

🗨 Nein, ich denke, es gibt hier keine Drogerie. Aber die Apotheke im 1. Stock hat auch gute Cremes.

🗨 Gut, dann gehe ich zur Apotheke. Da kann ich auch noch meinen Bio-Kamillentee kaufen.

🗨 Bringst du mir eine Packung Schmerztabletten mit? Ich habe Zahnschmerzen.

🗨 Ja, klar. Aber ich kenne auch einen guten Zahnarzt hier im Einkaufszentrum. Willst du nicht lieber zum Zahnarzt gehen?

🗨 Hmm, mal gucken … Ich mag keine Ärzte.

5.2 Was passt? Ordnen Sie den Dialog.

a [1] Hallo, Diana, kannst du mir einen Tipp geben? Ich brauche ein Geschenk für Martin.

b [ ] Das ist auch eine gute Idee. Sag mal, wie heißt die Buchhandlung, die du letzte Woche gesehen hast?

c [ ] Ja, oder du schenkst ihm ein Buch, das er für die Reise brauchen kann: einen guten Reiseführer zum Beispiel.

d [ ] Stimmt. Deshalb habe ich gedacht, ich schenke ihm ein Heft von diesen Comics, die in Brasilien gerade in sind und die dort jeder kennt.

e [ ] Das ist einfach. Du kennst doch das Eiscafé, das im Sommer immer Eistorten hat? Die Buchhandlung ist hinter dem Eiscafé links.

f [ ] Martin? Das ist doch der <u>Typ</u>, <u>den</u> du vom Sprachkurs kennst und <u>der</u> im September nach Brasilien fliegt, oder?

g [ ] Hmm, in der Fußgängerzone? Wo genau?

h [ ] Das ist der *Lesetempel* im Einkaufszentrum, eine kleine Buchhandlung, die auch nicht so teuer ist. Aber das beste Geschäft für Reiseführer, das ich kenne, ist in der Fußgängerzone.

5.3 Markieren Sie in 5.2 die Bezugswörter und die Relativpronomen wie im Beispiel. Ergänzen Sie dann die Tabelle.

		Relativpronomen im Nominativ	Relativpronomen im Akkusativ
m.	der Typ	*der*	*den*
n.	das Buch, das Geschäft, das Eiscafé		
f.	die Buchhandlung		
Pl.	die Comics		

5.4 Schreiben Sie Relativsätze im Akkusativ.

1. Wie findest du das Parfüm, *das ich ...* _____?
   (Ich habe dir das Parfüm empfohlen.)

2. Wie gefällt dir die Krawatte, _____?
   (Du hast die Krawatte anprobiert.)

3. Willst du den Drucker kaufen, _____?
   (Du hast den Drucker gestern im Elektromarkt gesehen.)

4. Hast du die Zeitschriften mitgebracht, _____?
   (Ich brauche die Zeitschriften für meine Arbeit.)

5. Hast du den Schlüssel gefunden, _____?
   (Du hast den Schlüssel gestern verloren.)

5.5 Relativsätze in der Mitte vom Satz (Nominativ und Akkusativ). Schreiben Sie die Sätze.

1. Tanja, ▼, ist eine gute Freundin von mir. (Tanja hat das Jackett für mich gekauft.)
2. Der Fotoapparat, ▼, ist sehr preiswert. (Ich habe den Fotoapparat gestern gesehen.)
3. Hast du das Buch, ▼, schon gelesen? (Ich habe dir das Buch empfohlen.)
4. Der Rotwein, ▼, steht in der Küche. (Der Rotwein schmeckt dir so gut.)
5. Die Pizza, ▼, war wirklich super. (Du hast mir die Pizza gestern mitgebracht.)
6. Heute kommen meine Freunde Adisa und Sindo, ▼, für eine Woche zu mir nach Hamburg. (Ich habe sie vor drei Jahren im Senegal kennengelernt.)

> *1. Tanja, die das Jackett für mich gekauft hat, ist eine gute Freundin von mir.*

5.6 H. Müller, G. Baierle oder M. Keller? Wer sagt was? Lesen Sie und schreiben Sie die Namen zu den Fotos.

fit & modern 4/16

Wir fragen, Sie antworten:
Haben Sie ein Lieblingsgeschäft?

Bücher sind für mich etwas Besonderes. Ich liebe Bücher. Viele Leute kaufen Bücher im Internet. Das ist natürlich praktisch, aber mir gefällt das nicht. Wenn ich ein Buch kaufe, möchte ich es sehen und anfassen können. Deshalb ist mein Lieblingsgeschäft das „Lesecafé". Dort kann ich ganz gemütlich bei einer Tasse Tee viele Bücher ansehen und auch schon ein bisschen lesen. Die Verkäuferinnen im „Lesecafé" sind sehr freundlich und beraten immer gut. Ich finde jedes Mal ein Buch, das ich kaufen möchte, meistens sogar mehrere.

(W. Müller, Dresden)

Ich arbeite sehr viel. Deshalb bin ich oft unterwegs und habe wenig Zeit. Wenn ich mit der Arbeit fertig bin und einkaufen gehen kann, dann haben die Geschäfte schon geschlossen oder sie schließen gerade. Ich finde das zu hektisch. Deshalb kaufe ich am liebsten im Internet ein. Da muss ich keinen Parkplatz suchen und kann zu jeder Tageszeit shoppen, auch morgens um 10 Uhr, wenn ich in der S-Bahn sitze. Die Geschäfte liefern die Pakete direkt nach Hause. Das ist so bequem. Online-Shopping ist perfekt für mich.

(G. Baierle, Emden)

Die Läden hier in Deutschland haben nur von Montag bis Samstag geöffnet und auch nur am Tag. Das ist für mich sehr unpraktisch. Ich arbeite am Theater und komme manchmal erst nachts von der Arbeit. Und dann sehe ich, dass nichts im Kühlschrank ist. Zum Glück gibt es bei uns viele „Spätis". Das sind Geschäfte, die lange geöffnet haben, viel länger als die normalen Supermärkte. Mein Lieblings-Späti hat sogar 24 Stunden geöffnet, jeden Tag. Es gibt natürlich nicht alles, weil das Geschäft sehr klein ist. Aber die Verkäufer sind sehr nett und wir unterhalten uns jedes Mal ein bisschen.

(M. Keller, Berlin)

Die Öffnungszeiten von den normalen Geschäften hier in Deutschland sind unpraktisch für mich.

Ich mag gemütliche Läden und eine gute Beratung.

Einkaufen muss schnell und einfach gehen.

5.7 Was ist richtig? Lesen Sie noch einmal und kreuzen Sie an.

	richtig	falsch
1. Herr Müller kauft gern im Internet ein, weil er das praktisch findet.	☐	☐
2. Er geht gern in eine Buchhandlung, die auch Getränke anbietet.	☐	☐
3. Frau Baierle geht immer abends einkaufen, weil sie lange arbeitet.	☐	☐
4. Sie mag Online-Shopping, weil es so bequem ist.	☐	☐
5. Herr Keller kauft oft spät abends noch Essen ein.	☐	☐
6. Sein Lieblingsgeschäft hat ein sehr großes Angebot.	☐	☐

6 Besondere Einkaufsstraßen in Deutschland

6.1 Was passt? Hören Sie und kreuzen Sie an. .34 ◉

1. Frau Marquard ...
   a ☐ begleitet Freunde beim Einkaufen.
   b ☐ kauft gern Souvenirs.
   c ☐ will eine Kuckucksuhr kaufen.

2. Frau Marquard ...
   a ☐ hat schon gegessen.
   b ☐ fährt heute noch nach Köln.
   c ☐ geht später ins Tanzlokal.

3. Auf der Kö ...
   a ☐ gibt es nur Mode-Geschäfte.
   b ☐ haben die Cafés noch geschlossen.
   c ☐ sind schon viele Leute unterwegs.

4. Kathrin Düver ...
   a ☐ war bei einer Präsentation.
   b ☐ beobachtet die Menschen.
   c ☐ kauft häufig auf der Kö.

6.2 Und Sie? Gehen Sie gern shoppen? Schreiben Sie einen Text in Ihr Heft.

Und in Ihrer Sprache?

.35 ◉ **1** Sie sind mit einer Freundin / einem Freund, die/der nicht gut Deutsch versteht, im Kaufhaus. Hören Sie und notieren Sie die wichtigen Informationen:
   – Was kann man kostenlos probieren?
   – Wo kann man es probieren?

2 Berichten Sie Ihrer Freundin / Ihrem Freund in Ihrer Muttersprache.

Alles klar?

1 Über Shoppen und Einkaufen sprechen. Was passt zusammen? Verbinden Sie und schreiben Sie vier Sätze.

1. die Leute im Einkaufszentrum	a beschreiben
2. sinnlos Geld	b beobachten
3. im Geschäft eine Hose	c gehen
4. zur Kasse	d ausgeben
5. das Verhalten von Menschen	e anprobieren

1b Ich beobachte gern Leute im Einkaufszentrum.

Punkte
4

2 Sich im Einkaufszentrum orientieren.

2.36 **2.1** Wo ist/sind …? Hören Sie und ordnen Sie zu.

1. das Café
2. der Elektromarkt
3. die Toiletten
4. das Schuhgeschäft

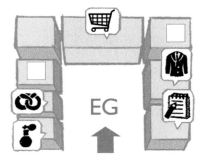
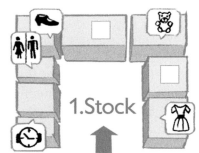

Punkte
4

2.2 Wo kann man diese Sachen kaufen? Sehen Sie den Plan in 2.1 an und schreiben Sie Sätze.

1. ~~Brot~~   2. Herrenhosen und Hemden   3. Spielzeug   4. Sonnencreme   5. eine Uhr

1. Brot kann man in der Bäckerei im Erdgeschoss links neben der Drogerie kaufen.

Punkte
4

3 Empfehlungen geben. Was passt? Ordnen Sie zu und ergänzen Sie die Fragen.

Es bietet guten Kaffee an. – Er hat gute Fotoapparate. – Sie hat gute Cremes. – Sie beraten gut.

1. Kannst du mir eine Drogerie empfehlen, *die …* _____?
2. Kannst du mir eine Boutique mit Verkäufern empfehlen, _____?
3. Kannst du mir ein Café empfehlen, _____?
4. Kennst du einen Elektromarkt, _____?

Punkte
4

4 Über Einkaufsstraßen sprechen. Schreiben Sie vier Sätze in Ihr Heft.

Bahnhofstrasse

– *im Zentrum von Zürich*
– *1,4 km lang*
– *viele teure Boutiquen und Uhrengeschäfte*
– *viele Banken*

Punkte
4

Punkte gesamt
17–20: Super!
11–16: In Ordnung.
0–10: Bitte noch einmal wiederholen!

Seite 112–113

beobachten ___

die Kasse, -n ___

der Käufer, - ___

die Käuferin, -nen ___

das Parkhaus, -äu-er ___

persönlich ___

der Shopper, - ___

die Shopperin, -nen ___

ausgeben, er/sie gibt aus, er/sie hat ausgegeben ___

Er gibt gern viel Geld aus. ___

der Baumarkt, -ä-e ___

beschreiben, er/sie hat beschrieben ___

einzig- ___

Er ist nicht der einzige Mann, der gern einkauft. ___

der Elektromarkt, -ä-e ___

emotional ___

rational ___

sinnlos ___

das Verhalten (Sg.) ___

Seite 114–115

die Creme, -s ___

die Drogerie, -n ___

der Drucker, - ___

das Jackett, -s ___

die Kosmetik (Sg.) ___

die Krawatte, -n ___

der Optiker, - ___

das Parfüm, -s ___

die Schere, -n ___

die Seife, -n ___

der Spielzeugladen, -ä- ___

die Weinhandlung, -en ___

das Souvenir, -s ___

preiswert ___

Seite 116–117

breit ___

Die Straße ist nur 3 Meter breit. ___

nennen, er/sie hat genannt ___

die Speisekarte, -n ___

das Weinlokal, -e ___

Deutsch aktiv 13|14/Panorama VII

schick ___

die Kneipe, -n ___

die Currywurst, -ü-e ___

der Dieb, -e ___

die Diebin, -nen ___

backen, er/sie backt, er/sie hat gebacken ___

die Form, -en ___

legen ___

der Ofen, Ö- ___

1 Einladungs- und Glückwunschkarten

1.1 Was feiern die Menschen? Ordnen Sie die Fotos zu.

1. ☐ Karnevalsparty 2. ☐ Spieleabend 3. ☐ Silvesterparty

4. ☐ Weihnachtsfeier 5. ☐ Sommerfest 6. ☐ Einweihungsparty

1.2 Was passt zusammen? Ordnen Sie die Teile und schreiben Sie die zwei Einladungen in Ihr Heft.

a Deshalb möchten wir mit euch in unserer neuen Wohnung feiern!

f Bitte sagt bis zum 15. April Bescheid, ob ihr kommt.

b Liebe Grüße Miriam

g Ihr Lieben,

c Wir sind umgezogen!

h Sia und Tim

d Besucht uns am 14. Juni um 19 Uhr in der Brandstraße 3.

i ich bin jetzt schon seit 45 Jahren auf der Welt.

e Das möchte ich mit euch am 24. April ab 15 Uhr bei mir zu Hause feiern.

j Wir freuen uns auf euch!

1.3 Was passt? Ergänzen Sie.

_____ Nadine, lieber Ramon!

Herzlichen _____ zur Hochzeit!

Wir _____ uns sehr für euch!

Und wir _____ euch alles Liebe und

_____ für das gemeinsame _____ .

Herzliche _____

Frieda und Tom

freuen – Glückwunsch – Grüße – Gute – Leben – Liebe – wünschen

2 Zu- und Absagen

2.1 Mailbox-Nachrichten. Was ist was? Ordnen Sie zu.

a ☐ Einladung   b ☐ Zusage   c ☐ Absage

2.2 Was passt? Hören Sie noch einmal die Nachrichten aus 2.1. Verbinden Sie und ergänzen Sie die Präpositionen *ab, am, am, um, von ... bis*.

1. Thilo ist   a _____ 11 Uhr.

2. Meike feiert ihren Geburtstag   b _____ Freitag _____ Sonntag bei seiner Mutter.

3. Das Frühstück bei Meike beginnt   c _____ Samstag, _____ 20 Uhr.

4. Simon feiert   d _____ Sonntag.

2.3 Was feiert Ben? Lesen Sie und kreuzen Sie an.

1. ☐ seinen Geburtstag   2. ☐ seinen Schulabschluss   3. ☐ ein erfolgreiches Konzert

Ich freue mich, wenn du kommst.

Hi, Ben! Danke für deine Einladung und Glückwunsch zum Abitur! Ich komme natürlich gern zu deiner Party! Ich kann erst ab 21 Uhr kommen, aber besser spät als gar nicht, oder? ☺

Mensch, Ben! Nie wieder Prüfungen! Klar, ich feiere mit dir! Soll ich etwas mitbringen? LG

Lieber Ben,

wir gratulieren dir ganz herzlich zu deinem Erfolg und danken dir für die liebe Einladung zu deiner Party. Leider können wir nicht dabei sein. Das finden wir sehr schade. Aber wir haben für diesen Abend schon seit einem Jahr Karten für ein Konzert.

Viele Grüße
Beate

2.4 Welche Sätze bedeuten das Gleiche? Markieren Sie in 2.3 und schreiben Sie.

1. Ganz herzlichen Glückwunsch zu deinem Erfolg!   3. Brauchst du noch etwas für die Feier?
2. Es tut uns leid, aber wir können nicht kommen.   4. Ich komme auf jeden Fall.

1. Ganz herzlichen Glückwunsch zu deinem Erfolg! = Wir gratulieren dir ...

2.38 ⊙ **2.5** Welche Reaktion passt? Hören Sie und ordnen Sie zu.

a ☐ Das finde ich sehr schade.   c ☐ Wie nett. Danke!

b ☐ Oh, herzlichen Glückwunsch!   d ☐ Ja, wir haben uns sehr gefreut,
                                        dass du uns eingeladen hast.

2.39 ⊙ **2.6** Karaoke. Hören Sie und sprechen Sie die 👄-Rolle.

👂 ...

👄 Hallo! Danke für deine Einladung. Ich habe mich sehr gefreut.

👂 ...

👄 Nein, ich kann leider nicht kommen. Tut mir leid.

👂 ...

👄 Ich muss an dem Abend arbeiten.

👂 ...

👄 Ja, das finde ich auch! Aber ich wünsche dir ein schönes Fest.

👂 ...

👄 Okay, ich rufe dich nach der Party wieder an. Bis dann.

2.7 Eine Zusage schreiben. Antworten Sie Andreas in einer SMS. Schreiben Sie zu jedem Punkt ein bis zwei Sätze.

– Bedanken Sie sich und sagen Sie zu.
– Erklären Sie, warum Sie etwas später kommen.
– Fragen Sie, ob Sie etwas mitbringen sollen.

> 9:00 AM
>
> Hi, ich habe ab Juli eine neue Stelle. Juhu ☺ !!! Das möchte ich am Freitag feiern. Ab 14 Uhr bei mir zu Hause. Kommst du? LG Andreas

9:00 AM

3 Wie feierst du deinen Geburtstag?

3.1 Was passt? Ergänzen Sie.

besichtigen – feiern – gehen – grillen – machen – spielen

1. einen Ausflug und ein Picknick _____   4. Würstchen _____

2. mit Kaffee und Kuchen _____   5. Bowling _____

3. ins Kino oder ins Schwimmbad _____   6. eine Stadt _____

3.2 Was passt? Ordnen Sie zu.

a Pizza essen gehen
d in einer Kneipe feiern

b im Garten grillen
e nichts machen

c ins Kino gehen
f mit der Familie backen

3.3 Wiederholung: Imperativ. Eine Freundin / Ein Freund hat bald Geburtstag. Was kann sie/er am Geburtstag machen? Schreiben Sie Sätze zu den Fotos in 3.2.

> 1. Geh doch mit Freunden eine Pizza essen!

4 Eine Feier planen

4.1 Was ist das? Ergänzen Sie.

1. Fahrten in die Natur oder in eine Stadt = ... (Pl.)
2. eine Gruppe von Musikern = die ...
3. einen Raum schön machen = ...
4. „Alles Gute!" = einer Person zum Geburtstag ...
5. die Feier = die ...
6. Freunde zu einem Fest ...
7. Messer, Gabel und Löffel = das ...
8. einen DJ ...
9. Teller und Tassen = das ...
10. Gerät zum Musikhören = die ...
11. die Bar = die ...
12. ein Mensch, den man einlädt = ein ...

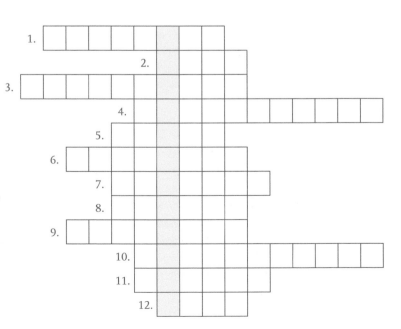

2.40 ● **4.2** Was für eine Feier planen die Freundinnen? Hören Sie und kreuzen Sie an.

1. ☐ einen Kinoabend   3. ☐ eine Überraschungsparty für Felix
2. ☐ ein Geburtstagsessen   4. ☐ eine Familienfeier zusammen mit Felix

2.40 ● **4.3** Was haben die Freundinnen schon organisiert? Hören Sie noch einmal und kreuzen Sie an. Schreiben Sie dann Sätze.

1. ☐ den DJ buchen   4. ☐ die Tische dekorieren   7. ☐ den Raum reservieren
2. ☐ die Getränke bestellen   5. ☐ das Essen organisieren   8. ☐ das Besteck bestellen
3. ☐ die Musikanlage mieten   6. ☐ die Gäste einladen   9. ☐ das Geschirr bestellen

> Sie haben schon ...   Sie müssen noch ...

4.4 Was passt? Lesen Sie zuerst und ergänzen Sie dann die Sätze.

🗩 Ich habe eine Idee für Jules Geburtstag. Wir können _____.

👍 Ich weiß nicht. Ich glaube, Jule mag keine Partys – und auch keine Überraschungen.

🗩 Aber sie wird 40! Das muss sie feiern. Wir _____.

👍 Zusammen grillen? Ist das nicht ein bisschen langweilig? Und ihr Garten ist sehr klein. Aber sie spielt gern Bowling.

🗩 Meinst du, wir sollen _____?

👍 Ja, wir sagen ihren Freunden Bescheid und reservieren für alle.

5 Der Geburtstagsmuffel

5.1 Welche zwei Überschriften passen? Kreuzen Sie an.

> ☐ 1. Du ärgerst dich, dass du älter wirst. Das ist normal, denn niemand möchte alt und grau werden. Und am Geburtstag ist es für jeden klar: Schon wieder ist ein Jahr zu Ende. Das macht keinen Spaß, aber auf deiner Party musst du natürlich gute Laune haben. Wie soll das gehen? Unmöglich!
>
> ☐ 2. Du kannst nicht alle deine Freunde und Kollegen einladen. So viel Platz hast du nicht in deiner Wohnung. Wenn du aber nur ein paar Freunde und Kollegen auswählst, dann sind die anderen unzufrieden. Das heißt: Immer ist jemand böse! Das ist nur Stress!
>
> ☐ 3. Partys sind gefährlich. Mit den Menschen kommen immer auch Krankheiten. Und du musst jedem Gast die Hand geben (Igitt!). Das ist nicht gut für die Gesundheit (Schnupfen! Husten! Erkältung! Grippe!). Sei nicht dumm, bleib allein!
>
> ☐ 4. Alle Gäste denken, sie können mit dir an deinem Geburtstag über dein Alter sprechen. „Na, wie fühlst du dich so – mit 30?" Willst du wirklich so blöde Fragen hören? Und: Willst du antworten?
>
> ☐ 5. Auf jeder Party ist die Musik immer viel zu laut. Das ist sehr ungesund. Deine Ohren werden leider auch nicht jünger (Haaallooo???). Sei nett zu ihnen!
>
> ☐ 6. Eine Party ist ziemlich teuer. Natürlich bekommst du auch Geschenke. Aber du kannst sicher sein, dass dir die meisten Geschenke nicht gefallen. Und: Die Geschenke sind bestimmt nicht so teuer wie das Essen und die Getränke, der DJ usw. Das heißt: Nach deiner Feier hast du kein Geld mehr und musst sparen!

1. ☐ So macht Feiern Spaß   3. ☐ Tipps für eine coole Party
2. ☐ Deshalb sollte man keine Geburtstagsparty feiern   4. ☐ Nie wieder Geburtstagspartys!

5.2 Zu welchem Punkt in 5.1 passen die Sätze? Ordnen Sie zu.

a Auf einer Geburtstagparty reden viele Menschen über ein Thema, das man nicht mag.
b Geburtstagspartys kosten viel Geld, mit dem man viele tolle Dinge kaufen kann.
c Man möchte keine Menschen treffen, von denen man nicht weiß, ob sie krank sind.
d Kein Mensch möchte auf Partys Musik hören, bei der man sich nicht gut unterhalten kann.
e Partys, bei denen man immer fröhlich sein muss, sind schrecklich.
f Manchmal gibt es Ärger, weil man nicht alle Menschen einladen kann, mit denen man feiern möchte.

5.3 Wiederholung: Präpositionen mit Dativ. Was passt? Ergänzen Sie.

aus – ~~bei~~ – mit – seit – von – zu

Ich habe meinen Geburtstag *bei* ein*er* Freundin im Garten gefeiert. Ich kenne diese

Freundin erst _____ ein____ Jahr, aber sie ist super nett. Ich habe _____ viel____ Gästen

gefeiert. Ich glaube, wir waren 40 Leute. Ein besonders tolles Geschenk habe ich _____

mein____ Onkel bekommen: Er hat einen DJ für mich gebucht! Viele Gäste hatten einen

langen Weg. Sie sind _____ ein____ anderen Stadt gekommen. Es hat mich sehr gefreut,

dass alle _____ mein____ Party gekommen sind!

5.4 Relativsätze. Was passt? Verbinden Sie.

1. Ich möchte endlich den Ausflug machen,
2. Ich habe Lust auf ein Picknick,
3. Ich habe Fahrräder ausgeliehen,
4. Ich zeige euch die Jugendherberge,

a mit denen wir an einen See fahren können.
b von dem wir schon so lange reden.
c in der ich früher oft geschlafen habe.
d bei dem es leckeres Essen gibt.

5.5 Markieren Sie die Relativpronomen, die Bezugswörter und die Präpositionen wie im Beispiel.

1. Das <u>Essen</u>, zu dem du mich eingeladen hast, war sehr gut.

2. Kennst du den netten Mann, mit dem ich auf deinem Geburtstag getanzt habe?

3. Meine Tochter plant gerade die Hochzeitsfeier, von der sie immer geträumt hat.

4. Wer waren die Freunde, bei denen du deinen Geburtstag gefeiert hast?

5. Das Restaurant, in dem wir gegessen haben, hat eine sehr gute Speisekarte.

5.6 Was passt? Ergänzen Sie die Relativpronomen im Dativ.

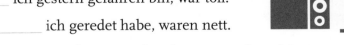

1. Die Party, zu *der* ich gestern gefahren bin, war toll.

2. Alle Gäste, mit _____ ich geredet habe, waren nett.

3. Das Geschenk, von _____ du gesprochen hast, war sehr schön.

4. Die Frau, mit_____ ich getanzt habe, hat mir gut gefallen.

5. Die Kneipe, in _____ wir gefeiert haben, war gar nicht so groß.

6. Den DJ, von _____ ich immer geträumt habe, kann ich leider nicht bezahlen.

5.7 Was passt? Ergänzen Sie die Relativsätze.

Alle reden immer von der Hauptstadt. – Ich habe gestern mit dem Reisebüro telefoniert. –
Ich habe schon viel von den Sehenswürdigkeiten gehört. – Ich war noch nie in dem Land. –
Ich muss zu dem Flughafen fahren. – ~~Ich träume schon lange von dem Urlaub.~~

1. Der Urlaub, *von dem ich schon lange träume,* kostet leider ziemlich viel Geld.

2. Das Land, _____, liegt in Asien.

3. Für die Sehenswürdigkeiten, _____,
   interessiere ich mich sehr.

4. Die Hauptstadt, _____, möchte ich auch gern besuchen.

5. Das Reisebüro, _____, hatte noch
   einen günstigen Flug im Angebot.

6. Der Flughafen, _____, ist 150 Kilometer weit weg.

2.41 ◉ **5.8** Diktat. Hören und ergänzen Sie. Nutzen Sie die Pausentaste (⏸).

Es gibt einen Tag im Jahr, _____.

Das ist mein Geburtstag. Ich lade jedes Jahr alle Menschen ein, _____

_____ und mit denen ich

mich wohlfühle. _____, denn ohne Musik ist es

schrecklich öde. Mein Geburtstag ist keine Party, _____.

Wenn manche Freunde keine Lust haben, dann _____

_____. Das ist kein Problem.

6 Der perfekte Plan für einen großen Tag

6.1 Was passt? Ergänzen Sie.

Bräutigam – Ringe – Standesamt – Hochzeit – Braut – Brautstrauß – Brautpaare

Jeder feiert seine _____ anders. Die _____ und der _____

können in der Kirche oder im _____ „Ja" sagen. Aber es gibt

auch andere Orte, an denen man heiraten kann: in einer S-Bahn, am Meer

oder auf einem Schloss. Viele _____ tragen auch heute noch

_____, mit denen sie zeigen, dass sie verheiratet sind. Oft hat

die Braut Blumen. Bei der Feier wirft sie den _____ zu ihren

Freundinnen. Man sagt, wer den Strauß bekommt, heiratet bald.

6.2 Eine Radiosendung. Was ist das Thema? Hören Sie und kreuzen Sie an.

1. ☐ Heiraten ist unmodern
2. ☐ Hochzeiten früher und heute
3. ☐ So wollen wir heiraten
4. ☐ Pannen bei der Hochzeit

6.3 Was passt zu wem? Hören Sie noch einmal und kreuzen Sie an.

	Ute Kleist + Ralf Heller	Sonja Thiele + Tom Lanke
1. Sie sind seit vier Jahren ein Paar.	☐	☐
2. Sie wollen ohne Gäste heiraten.	☐	☐
3. Für sie ist ein großes Fest mit Freunden wichtig.	☐	☐
4. Sie heiraten im Alten Rathaus.	☐	☐
5. Sie heiraten in den Sommerferien.	☐	☐
6. Ihren Eltern gefällt der Plan nicht.	☐	☐
7. Sie planen eine Feier im Garten.	☐	☐
8. Nach der Reise feiern sie vielleicht noch einmal zu Hause.	☐	☐

6.4 Wortbildung: Nomen auf *-chen* und *-lein*. Wie heißt das Grundwort? Ergänzen Sie das Nomen mit Artikel.

1. das Herzlein: *das Herz* _____
2. das Kärtchen: _____
3. das Spielchen: _____
4. das Städtchen: _____
5. das Köpfchen: _____
6. das Männlein: _____

6.5 Und Sie? Möchten Sie heiraten und wie? Oder wie haben Sie Ihre Hochzeit gefeiert? Schreiben Sie einen kurzen Text in Ihr Heft.

Und in Ihrer Sprache?

Eine Freundin / Ein Freund hat eine SMS bekommen. Sie/Er versteht nicht so gut Deutsch. Lesen Sie die SMS und erklären Sie in Ihrer Muttersprache: Was feiert Maja? Wo und wann feiert sie?

> 9:00 AM
>
> Hallo! Ich habe am Freitag Geburtstag und möchte am Samstag feiern. Kommst du auch? Ich feiere im Garten von einer Freundin, in der Weberstr. 19. Um 16 Uhr geht es los mit Kaffee und Kuchen. Aber du kannst auch später kommen. Wir feiern sicher die ganze Nacht.
> Hoffentlich bis Samstag!!! LG Maja

1 Einladungen/Glückwünsche aussprechen.

1.1 Laden Sie Ihre Freunde ein. Schreiben Sie eine Einladung in Ihr Heft.

Sommerfest – im Garten – 15. Juli, ab 16 Uhr – Bescheid sagen bis zum 10. Juli –
Getränke mitbringen – nicht vergessen: gute Laune

Punkte
6

1.2 Ihre Freundin Clara hat eine Tochter (Frieda) bekommen. Schreiben Sie eine Glückwunschkarte in Ihr Heft.

Punkte
3

2 Sich für eine Einladung bedanken, zusagen und absagen. Was passt? Ergänzen Sie.

aber ein bisschen später – Ich kann aber leider nicht kommen –
Ich würde sehr gern kommen – ich komme auf jeden Fall zu deiner Party

1. Ich gratuliere dir sehr herzlich und _____ .
   Soll ich etwas mitbringen?

2. _____, aber leider habe ich einen wichtigen Termin.

3. Ich komme sehr gern, _____ . Ich habe noch einen
   Termin beim Arzt. Soll ich einen Salat machen?

4. Danke für eure Einladung. _____ .
   Tut mir leid.

Punkte
4

3 Ein Fest/eine Feier planen.

3.1 Ein Freund will eine Party machen. Hat er an alles gedacht? Schreiben Sie Fragen.

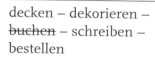
decken – dekorieren –
~~buchen~~ – schreiben –
bestellen

1. Hast du schon
einen DJ gebucht?

Punkte
4

3.2 Sie planen eine Party. Ein Freund hat viel Erfahrung. Schreiben Sie die Fragen in Ihr Heft.

1. Wie ist die Telefonnummer von dem DJ, ...?
   (Du bist mit dem DJ immer so zufrieden.)
2. Wo ist die tolle Kneipe, ...?
   (Du hast mir von der Kneipe erzählt.)
3. Wie heißt die Firma, ...?
   (Du bestellst bei der Firma das Essen und die Getränke.)

Punkte
3

Punkte gesamt
17–20: Super!
11–16: In Ordnung.
0–10: Bitte noch einmal wiederholen!

Seite 122–123

basteln _____

Bescheid sagen _____

Bitte sag bis Samstag Bescheid, ob du kommst. ____

_____

gratulieren _____

Ich gratuliere dir sehr herzlich! _____

_____

Ihr Lieben! _____

rund _____

Ich feiere einen runden Geburtstag. _____

_____

schwanger _____

die Überraschung, -en _____

zurückkommen, er/sie ist zurückgekommen _____

Seite 124–125

das Besteck (Sg.) _____

(den Tisch) decken _____

der DJ, -s _____

das Geschirr (Sg.) _____

(sich) langweilen _____

die Musikanlage, -n _____

öde _____

das Picknick, -e _____

Wollen wir ein Picknick machen? _____

_____

der Rest, -e _____

schrecklich _____

Die Party war schrecklich öde. _____

_____

der Sinn (Sg.) _____

träumen _____

Seite 126–127

ausfallen, er/sie fiel aus, er/sie ist ausgefallen _____

_____

Der Strom ist ausgefallen. _____

_____

die Behörde, -n _____

die Braut, -äu-e _____

der Bräutigam, -e _____

das Brautpaar, -e _____

der Brautstrauß, -äu-e _____

die Dekoration, -en _____

das Gewitter, - _____

das Herz, -en _____

der Hochzeitsplaner, - _____

die Hochzeitsplanerin, -nen _____

kaputtmachen _____

der Luftballon, -s _____

die Möglichkeit, -en _____

die Panne, -n _____

der Profi, -s _____

schiefgehen, es ist schiefgegangen _____

_____

So kann bei einer Hochzeit nichts mehr

schiefgehen. _____

das Standesamt, -ä-er _____

übernehmen _____

Ich kann alle Aufgaben übernehmen. _____

_____

verantwortlich _____

Ich bin für die Überraschungsparty verantwortlich.

_____

der Vorschlag, -ä-e _____

1 Das Pflasterspektakel

1.1 Was ist was? Ordnen Sie zu.

die Zuschauer / das Publikum – das Zirkuszelt – die Akrobatin – der Straßenkünstler –
der Umzug – das Kostüm – die Bühne – die Sängerin – der Infostand – die Band

1. _____	6. _____
2. _____	7. _____
3. _____	8. _____
4. _____	9. _____
5. _____	10. _____

1.2 Was passt? Verbinden Sie.

1. vor Publikum	a werfen
2. mit Feuer	b tragen
3. Eintritt	c besuchen
4. im Umzug	d jonglieren
5. Geld in den Hut	e haben
6. ein Kostüm	f informieren
7. auf der Bühne	g mitlaufen
8. Spaß	h auftreten
9. sich über das Programm	i singen
10. eine Vorstellung	j zahlen

1.3 Was passiert auf dem Festival in 1.1? Schreiben Sie Sätze mit den Wortverbindungen aus 1.2.

1h Der Straßenkünstler tritt vor Publikum auf.

1.4 Wiederholung: Wechselpräpositionen mit Dativ und Akkusativ. Wo sind die acht Clowns in 1.1 und was machen sie? Ergänzen Sie die Präpositionen und Artikel.

auf – auf – hinter – in – i̶n̶ – neben – über – unter – vor – zwischen

1. Clown A ist *im* _____ Umzug _____ _____ Leuten.

2. Clown B geht _____ _____ Zirkuszelt.

3. Clown C steht _____ _____ Infostand, _____ _____ Mann mit dem Rucksack.

4. Clown D springt _____ _____ Kiste.

5. Clown E schläft _____ _____ Bühne.

6. Clown F klettert _____ _____ Bühne.

7. Clown G steht _____ _____ Kasse.

8. Clown H sitzt _____ _____ Zelt.

1.5 Was ist richtig? Hören Sie und kreuzen Sie an.

1. Wo findet das Festival statt?
   - a ☐ Auf dem Messegelände.
   - b ☐ Am Bahnhof.
   - c ☐ In der Altstadt.

2. Was soll Tina tun?
   - a ☐ Eintrittskarten kaufen.
   - b ☐ Sophie einladen.
   - c ☐ Anne Bescheid geben.

3. Wann beginnt der Samba-Umzug?
   - a ☐ Um 14:45 Uhr.
   - b ☐ Um 15:00 Uhr.
   - c ☐ Um 16:00 Uhr.

4. Wie wird das Wetter am Sonntag?
   - a ☐ Zuerst windig und kalt, danach nass.
   - b ☐ Zuerst wolkig, danach sonnig.
   - c ☐ Zuerst warm und trocken, danach nass.

1.6 Was? Wann? Wo? Hören Sie die Ansagen 1. bis 3. noch einmal und machen Sie Notizen.

Was?	Wann?	Wo?	Eintritt?
Straßenkunst-Festival Blues-Konzert Samba-Umzug			

1.7 Schreiben Sie Sätze mit den Informationen aus 1.6.

Das Straßenkunst-Festival beginnt ...

2 Interview mit einer Festival-Managerin

2.1 Was passt? Ordnen Sie zu.

Organisieren Sie alles selbst? – Was ist für ein gutes Festival wichtig? – Was macht man als Festival-Managerin? – Was gefällt Ihnen an Ihrer Arbeit am besten?

Unser Stadtmagazin — 14—

Im Gespräch mit ...
Elani Hübner, Festival-Managerin

1

Man organisiert Festivals und Feste zu Kunst, Theater, Musik oder Film. Zum Beispiel habe ich letztes Jahr ein Theaterfest in München organisiert. Das Fest hat drei Tage gedauert. Es gab drei Bühnen, wir hatten 30 Vorstellungen und über
5 10.000 Festival-Besucherinnen und -Besucher sind gekommen.

2

Vieles. Nehmen wir zum Beispiel ein Straßenkunst-Festival. Man muss gute Künstler finden und sie früh einladen. Das Programm muss viele abwechslungsreiche Attraktionen anbieten. Für die Programme und den Kartenverkauf braucht man Infostände. Zu einem erfolgreichen Festival gehört auch eine gute
10 Internetseite oder App, denn immer mehr Besucher wollen sich auch online über das Programm und die Attraktionen informieren. Wichtig ist gutes Wetter, aber leider können wir das nicht planen. Als Veranstalter ärgern wir uns über schlechtes Wetter. Das Publikum hat aber oft sogar bei Regen Spaß.

3

Nein, natürlich nicht! Das ist zu viel Arbeit für eine Person. Deshalb arbeite ich immer im Team. Eine
15 Person allein kann nicht an alle wichtigen Dinge denken.

4

Ich habe mich schon immer sehr für Kunst und Kultur interessiert. Jetzt ist das mein Job. Das finde ich toll. Ich freue mich jeden Tag auf die Arbeit, denn sie ist sehr abwechslungsreich: Jedes Festival ist ein neues Projekt und ich arbeite mit neuen Kolleginnen und Kollegen. Am liebsten würde ich einmal ein
20 internationales Lese-Festival organisieren, mit berühmten Autoren, die aus ihren Bücher vorlesen. Das ist mein großer Traum.

2.2 Was ist richtig? Kreuzen Sie an.

	richtig	falsch
1. Frau Hübner organisiert jedes Jahr ein Theaterfestival in München.	☐	☐
2. Veranstaltungsprogramme finden die Besucher nur im Internet.	☐	☐
3. Frau Hübner arbeitet immer wieder in neuen Teams.	☐	☐
4. An ihrer Arbeit gefällt ihr, dass die Projekte so unterschiedlich sind.	☐	☐

2.3 Was passt? Lesen Sie noch einmal und verbinden Sie.

1. Frau Hübner interessiert sich	a über schlechtes Wetter.
2. Sie freut sich jeden Tag	b von einem internationalen Lese-Festival.
3. Sie lädt Künstlerinnen und Künstler	c für Kunst und Kultur.
4. Frau Hübner träumt	d auf ihre Arbeit.
5. Sie ärgert sich	e zu den Straßenkunst-Festivals ein.

2.4 Schreiben Sie die Sätze in 2.3 in Ihr Heft und markieren Sie die Verben und Präpositionen.

> 1c Frau Hübner *interessiert sich für* Kunst und Kultur.

2.5 Ergänzen Sie die Präpositionen.

> *Frau Hübner, was macht Sie als Festival-Managerin so erfolgreich?*
>
> Ein großes Festival macht viel Arbeit. Aber Stress gehört _____ meiner Arbeit und ich kann sehr gut
>
> organisieren. Vorher muss ich mich _____ die Veranstaltungsorte informieren und alles gut vorbereiten.
>
> Manchmal vergesse ich auch etwas. Ich kann nicht _____ alle Dinge denken. Aber ich freue mich
>
> _____ die vielen Besucherinnen und Besucher, die dann zu einem Festival kommen. Und nach einem
>
> Festival warte ich schon _____ das nächste Projekt.
>
> *Frau Hübner, vielen Dank für das Gespräch.*

2.6 Was machen die Personen? Schreiben Sie Sätze.

Susan → Linda: einladen zu

Alex: sich ärgern über

Lena: sich informieren über

Eberhard: sich interessieren für

Maike: sich freuen auf

Tom: denken an

Merle: sich freuen über

Hans: träumen von

> 1. Susan lädt Linda zum ...

3 Musikfestivals

3.1 Was passt? Ergänzen Sie.

Eintritt – klassische Musik – auftreten – Wetter – genießen – Bühnen – interessant – Spaß – informieren – Eintrittskarten – Wohnwagen – bequemer – Kleidung – Sonne – zelten

---

Los geht's! – dein Freizeitmagazin   *Seite 7*

Sommer ist Festival-Zeit

Egal, ob du dich für HipHop, Rock, Jazz oder _____ [1] interessierst: Es gibt für jeden das perfekte Musikfestival. Aber deinen Festivalbesuch musst du gut planen.

Hier sind fünf wichtige Tipps, wie du entspannt und mit viel Spaß den Festivalsommer _____ [2] kannst.

▶ 1   Nicht jedes Festival kostet _____ [3], aber für die meisten Festivals brauchst du ein Ticket. Das solltest du so schnell wie möglich kaufen, denn viele Musikfestivals sind sehr beliebt und die _____ [4] sind schnell weg.

▶ 2   Gemeinsam tanzt ihr besser: Ein Festivalbesuch allein kann _____ [5] sein, aber die meisten Menschen fahren lieber mit Freunden zu einem Festival. Aber Achtung! In deiner Gruppe sollten keine Festival-Muffel sein, die immer schlechte Laune haben. Das macht einfach keinen _____ [6] !

▶ 3   Besonders abwechslungsreich ist ein Festival, wenn mehrere Musiker zur gleichen Zeit auf verschiedenen _____ [7] spielen. Deshalb solltest du dich schon vor dem Festival auf der Internetseite über das Programm _____ [8]. So weißt du, welche Bands und DJs wann und wo _____ [9].

▶ 4   Viele Festivals dauern mehrere Tage. Oft kannst du mit deinen Freunden auf dem Festival _____ [10] oder im _____ [11] schlafen. Aber das ist nachts sehr laut und wenn ihr gut schlafen wollt, ist ein Hotelzimmer oder eine Jugendherberge ruhiger und _____ [12].

▶ 5   Man kann nicht nur tanzen. Bestimmt möchtest du auch in der _____ [13] liegen und Musik hören. Vergiss also die Sonnencreme nicht. Leider ist das _____ [14] bei Open-Air-Festivals nicht immer gut. Deshalb sind gute Schuhe und warme _____ [15] wichtig.

3.2 Was ist das Thema? Kreuzen Sie an.

1. ☐ Die Top-5 aus dem Musikprogramm   2. ☐ Fünf Tipps zur Festival-Planung

3.3 Auf dem Festival. Beantworten Sie die Fragen in Ihrem Heft.

1. Warum sollte man die Eintrittskarten früh kaufen?
2. Mit wem sollte man zu einem Festival fahren?
3. Wie und wo kann man sich über die Bands informieren?
4. Welche Übernachtungsmöglichkeiten gibt es?
5. Warum ist die richtige Kleidung wichtig?

1. Man sollte die Eintrittskarten früh kaufen, weil ...

3.4 Diktat. Hören und ergänzen Sie. Nutzen Sie die Pausentaste (⏸).

Live-_____, deshalb habe ich mich sehr auf die „Blues und Folk-Tage" gefreut. Das Open-Air-Festival _____.

_____: nur 29 Euro für zwei Tage. Die Musikerinnen und Musiker _____. Viele Bands kommen aus der Region, aber _____.

Meine Lieblingsband dieses Jahr war *Querschläger*: _____, die auch in Deutschland bekannt ist. _____. Alle Zuschauer hatten gute Laune und _____.

Nur über das schlechte Wetter habe ich mich geärgert – _____.

3.5 Karin war auf einem Festival. Schreiben Sie Sätze im Perfekt in Ihr Heft.

1. Karin und zwei Freundinnen: Pop-Festival besuchen
2. Wochenende im Juni: zwei Tage lang viel Musik hören und tanzen
3. Auftritt von ihrer Lieblingsband *Blütentau* sehen
4. im Zelt schlafen
5. Wetter gut: sich freuen über

3.6 Und Sie? Haben Sie schon einmal ein Festival besucht oder möchten Sie ein Festival besuchen? Schreiben Sie einen kurzen Text in Ihr Heft.

4 Fragewörter mit *wo(r)*-: Worauf freut sie sich?

4.1 Was passt zusammen? Verbinden Sie.

1. Wovon träumst du?
2. Wofür interessiert er sich?
3. Worüber freust du dich?
4. Woran denkst du?
5. Worauf freuen sie sich?

a An den Umzug.
b Auf den Sommerurlaub.
c Von einer neuen Wohnung.
d Für den neuen Kinofilm.
e Über das schöne Wetter.

4.2 Schreiben Sie die Antworten.

1. Worauf freust du dich? → das Sommerfest
2. Worüber informieren sie sich? → die Ticketpreise
3. Wovon träumt er? → einem großen Haus
4. Wofür interessierst du dich? → Jazz-Musik
5. Worüber freut ihr euch? → das neue Spielzeug
6. Worüber ärgert sie sich? → das schlechte Essen
7. Worauf wartet ihr? → den Bus zum Festival
8. Woran denken Sie? → meine Familie

1. Ich freue mich auf das Sommerfest.

4.3 *wo-* oder *wor-*? Welche Fragewörter passen zu den Verben mit Präposition. Schreiben Sie die Fragewörter und Fragen wie im Beispiel.

1. sich freuen auf
2. sich freuen über
3. denken an
4. sich ärgern über
5. träumen von
6. sich interessieren für
7. warten auf
8. sich informieren über

1. sich freuen auf: worauf → Worauf freust du dich?

2.45 **4.4** Hören Sie und sprechen Sie die Fragen aus 4.3 wie im Beispiel.

Ich freue mich auf das Wochenende.

Wie bitte? Worauf freust du dich?

Auf das Wochenende.

2.45 **4.5** Schließen Sie das Buch. Hören Sie noch einmal und sprechen Sie die Fragen.

5 Meine Musikinteressen

5.1 Und Sie? Wie sind Ihre Musikinteressen? Ergänzen Sie.

🎧 ...

👄 Ja, ich höre am liebsten _____ .

🎧 ...

👄 Meine Lieblingssängerin / Mein Lieblingssänger heißt _____ . /
Ich habe keine Lieblingssängerin / keinen Lieblingssänger.

🎧 ...

👄 Ja, ich würde gern zum _____ -Festival fahren. /
Nein, ich möchte kein Festival besuchen.

🎧 ...

👄 Ja, ich spiele _____ . / Nein, ich spiele kein Instrument.

2.46 **5.2** Karaoke. Hören Sie und sprechen Sie die 👄-Rolle.

6 Kühlschrankpoesie

6.1 Was klingt ähnlich? Suchen Sie Wortpaare.

Bäcker – Wecker

6.2 Bringen Sie die Zeilen in die richtige Reihenfolge.

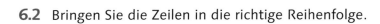

doch wer würde ihn begleiten? – und träumt dabei von einem Pferd. – kocht weiter und bekommt Applaus – Wie gern möchte er jetzt reiten, – ~~Ein Mann steht an seinem Herd~~ – Also bleibt er lieber zu Haus, – ~~für seine leckere Gemüsesuppe.~~

Ein Mann steht an seinem Herd

für seine leckere Gemüsesuppe.

6.3 Schreiben Sie mit einigen Wörtern aus 6.1 ein lustiges Gedicht in Ihr Heft.

Und in Ihrer Sprache?

1 Sie hören eine Werbung für ein Stadtfest im Radio. Machen Sie Notizen.

Wo? Wann? Umzug? Eintritt? Essen und Trinken? Programm?

2 Ihre Freundin/Ihr Freund versteht kein Deutsch. Berichten Sie in Ihrer Muttersprache.

1 Ein Veranstaltungsprogramm verstehen. Beantworten Sie die Fragen und schreiben Sie Sätze in Ihr Heft.

1. Wann und wo findet das Festival statt?
2. Wer nimmt teil?
3. Wie viel kostet es?

Punkte
6

2 Von einer Veranstaltung erzählen. Ergänzen Sie die Präpositionen und Artikel.

Hallo Stefan,

viele Grüße aus Dresden. Meine Tante hat mich _____ Straßenkunst-Festival hier eingeladen, denn ich interessiere mich sehr _____ Akrobatikvorstellungen. Besonders habe ich mich _____ Straßenkünstler gefreut, der mit Feuer jongliert hat. Aber wir mussten sehr lange _____ großen Umzug warten, weil es immer geregnet hat. Hast du dich schon _____ Musikfestivals in diesem Jahr informiert? Ich freue mich _____ Sommer und deinen Besuch bei mir in Berlin! Das wird toll! Deine Marie

An
Stefan Müller
Bläsisstr. 18
CH-8029 Zürich

45

Punkte
6

3 Seine Musikinteressen beschreiben. Was mag Tom Reiler? Was gefällt ihm nicht? Schreiben Sie Sätze in Ihr Heft.

- Popmusik
- Madonna
- Konzert, ~~Oper~~
- eigene Band: Gitarre

Tom Reiler

Punkte
8

Punkte gesamt
17–20: Super!
11–16: In Ordnung.
0–10: Bitte noch einmal wiederholen!

Seite 128–129

sich ärgern über _____

Ich ärgere mich über einen leeren Kühlschrank. ___

_____

der Akrobat, -en _____

die Akrobatin, -nen _____

die Akrobatik (Sg.) _____

denken an _____

Ich denke an den Urlaub. _____

einladen zu _____

Ich lade ihn zu einem Fest ein. _____

sich freuen auf _____

Ich freue mich auf die Vorstellung. _____

sich freuen über _____

Er freut sich über Erfolge. _____

_____

gehören zu _____

Gute Laune gehört zur Straßenkunst. _____

_____

das Honorar, -e _____

Die Künstler bekommen kein Honorar. _____

_____

(sich) informieren über _____

Sie informiert sich über das Programm. _____

_____

der Infostand, -ä-e _____

sich interessieren für _____

Ich interessiere mich für Akrobatik. _____

_____

klatschen _____

leer _____

die Nation, -en _____

träumen von _____

Ich träume von einem eigenen Zirkus. _____

die Vorstellung, -en _____

Die Vorstellung findet am Bahnhof statt. _____

_____

warten auf _____

Ich warte auf die Vorstellung. _____

_____

der Zuschauer, - _____

die Zuschauerin, -nen _____

Seite 130–131

das Open Air, -s _____

das Lieblingsorchester, - _____

Seite 132–133

wachsen, er/sie wächst, er/sie ist gewachsen _____

_____

Panorama VIII

die Fahne, -n _____

die Kutsche, -n _____

das Pferd, -e _____

reiten, er/sie ist geritten _____

der Reiter, - _____

die Reiterin, -nen _____

der Schneemann, -ä-er _____

die Uniform, -en _____

verbrennen, er/sie hat verbrannt _____

_____

verabschieden _____

anmachen _____

Man macht das Feuer an. _____

die Glocke, -n _____

läuten _____

das Symbol, -e _____

Die Audio-Dateien und Hörtexte zum Test finden Sie unter www.cornelsen.de/panorama (Lernen/Modelltest Goethe-Zertifikat A2).

Lesen

Der Test „Lesen" hat vier Teile. Sie lesen eine E-Mail, Informationen und Artikel aus der Zeitung und dem Internet.

Teil 1

Sie lesen in einer Zeitung diesen Text. Wählen Sie für die Aufgaben 1 bis 5 die richtige Lösung a, b, oder c.

Seite 12

tagesaktuell

Donnerstag, 18. August 2016

„Menschen und ihre Geschichten haben mich schon immer interessiert"

Seit acht Jahren moderiert Thomas Schäfer die Sendung „Im Gespräch mit ..." Immer drei Personen sprechen eine Stunde mit ihm über ihr Leben. Die internationalen Gäste sind bekannt aus Politik, Musik oder Film und Fernsehen.

Die Zuschauer mögen die Sendung, weil Thomas Schäfer immer interessante Fragen stellt. Der Moderator findet auch nach vielen Jahren immer noch interessant, dass er jede Woche neue Gäste trifft. „Die Sendung macht mir großen Spaß, weil ich immer andere Leute kennenlerne und alle spannende Geschichten erzählen können."

Nach dem Abitur wollte Thomas Schäfer nicht sofort studieren. Deshalb hat er ein Jahr lang eine Reise um die Welt gemacht. Das war kein Urlaub, denn er hat in jedem Land gearbeitet. Bei dieser Reise hat er viele Menschen kennengelernt und mit ihnen über ihr Leben gesprochen. Sein Buch „50 Menschen – 50 Leben", das er zehn Jahre später geschrieben hat, erzählt von dieser Zeit.

Nach seinem Studium hat er Artikel für eine Zeitung geschrieben und später für einen Radiosender gearbeitet. 2007 hat er dann erste Sendungen für das Fernsehen gemacht. Warum Thomas Schäfer so viel Spaß beim Moderieren hat, erklärt er so: „Ich mag Menschen und ich interessiere mich für ihr Leben". Das zeigt er schon seit vielen Jahren in „Im Gespräch mit ..."

1. Die Sendung ist bei den Zuschauern beliebt, weil ...
   a ☐ die Gäste berühmt sind.
   b ☐ sie die Fragen interessant finden.
   c ☐ Thomas Schäfer spannende Geschichten erzählt.

2. Nach der Schule hat Thomas Schäfer ...
   a ☐ ein Jahr lang Urlaub gemacht.
   b ☐ in verschiedenen Ländern gearbeitet.
   c ☐ mit dem Studium angefangen.

3. Auf seiner Weltreise ...
   a ☐ hat er sehr viele Menschen getroffen und mit ihnen geredet.
   b ☐ hat Thomas Schäfer ein Buch geschrieben.
   c ☐ ist er mit vielen Menschen zusammen gereist.

4. Thomas Schäfer hat nach seinem Studium ...
   a ☐ zuerst für das Radio gearbeitet.
   b ☐ sofort eine Fernsehsendung gemacht.
   c ☐ in verschiedenen Jobs gearbeitet.

5. Dieser Text informiert über ...
   a ☐ einen bekannten Fernsehmoderator.
   b ☐ das Leben von verschiedenen Menschen.
   c ☐ eine beliebte Fernsehsendung.

Teil 2

Sie lesen das Fernsehprogramm für heute. Lesen Sie die Aufgaben 6 bis 10. Welches Programm passt? Wählen Sie die richtige Antwort a, b oder c.

Programmtipps für heute

Das Erste	10:45 Uhr: Classic Open Air *(Live-Übertragung)*; 18:30 Uhr: Sportschau Fußball-Bundesliga *(Live-Übertragung)*; 20:00 Uhr: Tagesschau *(Nachrichtensendung)*; 20:15 Uhr: Tatort *(TV-Krimi)*
ZDF	18:05 Uhr: SOKO Stuttgart *(Krimi)*; 19:25 Uhr: Jazz-Konzert *(Live-Übertragung)*; 20:15 Uhr: Die Liebe lebt weiter *(Liebesfilm)*; 21:45 Uhr: heute-Journal *(Nachrichten)*
RTL	16:15 Uhr: Best of ...! *(Show)*; 19:05 Uhr: Explosiv *(Boulevard-Magazin)*; 19:40 Uhr: Gute Zeiten – Schlechte Zeiten *(Serie)*; 20:15 Uhr: Wer wird Millionär? – Das Prominenten-Special *(Quiz-Show)*
SAT 1	18:00 Uhr: Mein Geheimnis *(Doku-Serie)*; 18:55 Uhr: Jetzt wird's tierisch! *(Doku-Serie)*; 19:55 Uhr: SAT 1 – Nachrichten; 20:15 Uhr: Madagaskar 3 *(Animationsfilm ab 6 Jahre)*
ORF	14:40 Uhr: Findet Nemo *(Animationsfilm ab 6 Jahre)*; 16:55 Uhr: Sport aktuell Formel 1 *(Sportmagazin)*; 19:56 Uhr: Wetter; 20:15 Uhr: Deutschlands Berge von oben – Die Alpen *(Dokumentation)*

Beispiel: Sie möchten nach neun Uhr abends noch Nachrichten sehen.

a [x] ZDF   b [ ] Das Erste   c [ ] anderes Programm

6. Sie interessieren sich für Fußball.

a [ ] ORF   b [ ] Das Erste   c [ ] anderes Programm

7. Sie interessieren sich für klassische Musik.

a [ ] Das Erste   b [ ] ZDF   c [ ] anderes Programm

8. Ihre Tochter (8 Jahre) möchte am Nachmittag fernsehen.

a [ ] RTL   b [ ] SAT 1   c [ ] anderes Programm

9. Sie interessieren sich für die Natur und gehen gerne wandern.

a [ ] ORF   b [ ] ZDF   c [ ] anderes Programm

10. Sie möchten heute Abend etwas Romantisches sehen.

a [ ] RTL   b [ ] Das Erste   c [ ] anderes Programm

Teil 3

Sie lesen eine E-Mail.
Wählen Sie bei den Aufgaben 11 bis 15 die richtige Lösung a, b oder c.

Von:

An:

Betreff:

Hallo Jan,

ich bin gut in Frankfurt angekommen und schon einen Monat hier. Frankfurt ist eine tolle Stadt. Vieles ist ganz anders als zu Hause in Griechenland. Hier kann man viel machen, es ist nie langweilig: Es gibt viele Kinos, tolle Parks und gemütliche Bars.

Zuerst habe ich in einem Hostel gewohnt, aber jetzt habe ich eine nette Wohngemeinschaft gefunden und wohne mit zwei Studenten zusammen. Tobi kommt aus Berlin und Pedro ist Brasilianer. Abends kochen wir oft gemeinsam oder wir unternehmen etwas zusammen. Ich kann jetzt schon besser Deutsch als Englisch, denn wir sprechen meistens Deutsch.

Mein Praktikum am Flughafen ist sehr interessant und alle sind sehr sympathisch. Am Anfang hatte ich viele Fragen, aber ein Kollege hat mir alles erklärt. Jetzt fühle ich mich sicher und kann fast alles alleine machen. Der Flughafen ist sehr groß, viel größer als in Rhodos.

Letzten Dienstag war ich mit Kollegen vom Flughafen in Frankfurt Inliner fahren. Das war klasse. Von März bis Oktober finden im Stadtzentrum jeden Dienstag Inliner-Fahrten statt. Dann dürfen dort auch keine Autos fahren. Meistens nehmen sehr viele Leute an der Tour teil.

Wenn du im Sommer zu mir kommst, musst du unbedingt deine Inliner mitbringen, dann können wir mal zusammen fahren. Das wird toll. Du kannst auch gern bei mir schlafen, dann lernst du auch Tobi kennen. Pedro ist leider nicht da. Er fährt nach Brasilien. Oder möchtest du lieber im Hotel schlafen? Ich kann auch ein günstiges Zimmer organisieren. Sag einfach Bescheid.

Was gibt es Neues von dir?

Bis bald
Georgios

Beispiel: Georgios sagt, dass ...
a ☐ Frankfurt langweilig ist.
b ☒ man in Frankfurt viel machen kann.
c ☐ in Frankfurt vieles wie in Griechenland ist.

11. Georgios wohnt ...
a ☐ mit zwei deutschen Studenten.
b ☐ in einem Hostel.
c ☐ mit einem Deutschen und einem Brasilianer.

12. Georgios und seine Mitbewohner ...
a ☐ lernen zusammen Englisch.
b ☐ reden fast nur auf Deutsch.
c ☐ sprechen oft Englisch.

13. Beim Praktikum ...
a ☐ war vieles für ihn schon bekannt.
b ☐ muss er alles alleine machen.
c ☐ hat ihm ein Kollege die Arbeit erklärt.

14. In Frankfurt kann man im Sommer ...
a ☐ am Flughafen Inliner fahren.
b ☐ in der Stadt Inliner fahren.
c ☐ an einem Inliner-Wettbewerb teilnehmen.

15. Wenn Jan nach Frankfurt kommt, ...
a ☐ soll er seine Inliner mitbringen.
b ☐ will er in einem Hotel schlafen.
c ☐ lernt er Tobi und Pedro kennen.

Teil 4

Sechs Personen suchen Reiseangebote im Internet.
Lesen Sie die Aufgaben 16 bis 20 und die Anzeigen a bis f. Welche Anzeige passt zu welcher Person? Für eine Aufgabe gibt es keine Lösung. Markieren Sie dann so [x].

a www.urlaub-am-edersee.de

Großer Campingplatz direkt am See mit jungem Publikum und vielen Freizeitmöglichkeiten: segeln oder Boot fahren, Fahrrad und Inliner fahren, wandern, schwimmen. Das ganze Jahr geöffnet und mit günstigen Preisen in der Ferienzeit. Rufen Sie uns an!

d www.hotels-in-deutschland.de

Sie sind beruflich viel unterwegs? Wir bieten ein großes Angebot an Hotels auf unserer Internetseite. Alle Hotels haben Konferenzräume. Wir haben ein großes Angebot speziell für Firmen. Einfach online buchen.

b www.sonnenhotel.de

Kleines Hotel in Strandnähe. Kommen Sie ins Sonnenhotel auf Usedom, der Insel mit den meisten sonnigen Tagen. Alle Zimmer mit Bad, Fernseher und Minibar, außerdem haben wir ein Schwimmbad. Tennisplätze und Segelverein in der Nähe. Viele attraktive Angebote.

e www.wellnessurlaub.de

Urlaub ohne Stress – Entspannung pur! Genießen Sie unser Wellnesshotel mit Sauna, Massagen und tollen Fitnessangeboten. Vergessen Sie den hektischen Alltag und gehen Sie mit uns wandern! Alle Zimmer mit Balkon und Bergblick, Frühstück inklusive.

c www.ferien-auf-dem-bauernhof.de

Urlaub auf dem Bio-Bauernhof – Entspannung für die ganze Familie. Machen Sie Urlaub weit weg von der Großstadt. Genießen Sie die gute Landluft und die schöne Natur. Für Ihre Kinder haben wir Pferde, Hühner und Katzen. Hier wohnen Sie einfach und günstig: Übernachtungen in Ferienwohnungen mit Frühstück, attraktive Preise in den Schulferien.

f www.urlaub-auf-zwei.raedern.de

Urlaub einmal anders. Sie fahren mit dem Fahrrad von einem Ort zum nächsten Ort – wir fahren Ihr Gepäck und buchen Ihre Hotelzimmer. Reisen Sie zu zweit, mit der Familie oder in einer Gruppe. Viele attraktive Städte und Orte warten auf Sie. Lesen Sie noch heute die aktuellen Angebote auf unserer Internetseite!

Beispiel: [c] Luis möchte mit seiner Familie Urlaub auf dem Land machen.

16. Herr Schulz sucht ein Hotel für eine Präsentation mit der Firma.

17. Robin will sich erholen und eine Stadt besichtigen.

18. Elena möchte im Meer baden und in der Sonne liegen.

19. Anna möchte eine Radtour durch Deutschland machen.

20. Frank möchte nicht so viel Geld bezahlen und am liebsten zelten.

Hören

Der Test Hören hat vier Teile. Sie hören Sendungen aus dem Radio, Gespräche, Nachrichten auf dem Anrufbeantworter und Durchsagen. Lesen Sie zuerst die Aufgaben und hören Sie dann den Text dazu.

Teil 1

Sie hören fünf kurze Texte. Sie hören jeden Text zweimal. Wählen Sie bei den Aufgaben 1 bis 5 die richtige Lösung a, b oder c.

> Beispiel: Welchen Kurs können Serkan und Max nicht besuchen?
>
> a ☒ Den Computerkurs.
> b ☐ Den Fotokurs.
> c ☐ Den Spanischkurs.

1. Welche Frage soll man beantworten?
   a ☐ Welche Schauspieler spielen im Film?
   b ☐ Wie heißt die Sängerin / der Sänger?
   c ☐ Wie heißt der Film?

2. Wie kann man heute zum Bahnhof fahren?
   a ☐ Vom Stadtbad mit dem Bus 27.
   b ☐ Vom Stadion mit der S-Bahn.
   c ☐ Von der Messe mit der U-Bahn.

3. Was möchte Stefanie machen?
   a ☐ Mit Tina im Garten grillen.
   b ☐ Mit Tina ins Kino gehen.
   c ☐ Tina zu ihrem Geburtstag einladen.

4. Wo findet das Konzert statt?
   a ☐ Um 17 Uhr am Bahnhof.
   b ☐ Um 18 Uhr in der Messe.
   c ☐ Um 19 Uhr im Fußballstadion.

5. Wie wird das Wetter morgen im Osten von Deutschland?
   a ☐ Die Sonne scheint und es ist warm.
   b ☐ Es gibt Wolken und Regen.
   c ☐ Es ist sonnig, aber es gibt Gewitter.

Teil 2

www ⊚

Sie hören ein Gespräch. Sie hören den Text einmal.
Was machen die Frau und der Mann in der Woche?

Wählen Sie für die Aufgaben 6 bis 10 ein passendes Bild aus a bis i.
Wählen Sie jeden Buchstaben nur einmal. Sehen Sie sich jetzt die Bilder an.

	Beispiel	6	7	8	9	10
Tag	Montag	Dienstag	Mittwoch	Donnerstag	Freitag	Samstag
Lösung	e					

a   b   c

d   e   f

g   h   i

Teil 3

Sie hören fünf kurze Gespräche. Sie hören jeden Text einmal. Wählen Sie für die Aufgaben 11 bis 15 die richtige Lösung a, b oder c.

Beispiel: Was bestellt die Frau?

a ☐   b ☒   c ☐

11. Wo treffen sich die beiden Personen?

a   b   c

12. Was ist das Problem?

a ☐   b ☐   c ☐

13. Welches Gerät kauft der Mann?

a ☐   b ☐   c ☐

14. Wann hat der Mann einen Termin?

a ☐   b ☐   c ☐

15. Was ist passiert?

a ☐   b ☐   c ☐

Teil 4

www ◉

Sie hören ein Interview. Sie hören den Text zweimal.
Wählen Sie für die Aufgaben 16 bis 20 *Ja* oder *Nein*.
Lesen Sie jetzt die Aufgaben.

Beispiel: Cem ist in der Türkei geboren.	☒ Ja	☐ Nein

16. Cem hat Deutsch von seinen Eltern gelernt.	☐ Ja	☐ Nein
17. Er hat Geige gespielt.	☐ Ja	☐ Nein
18. Cem spielt oft mit seiner Band.	☐ Ja	☐ Nein
19. Die Arbeit als Elektriker gefällt Cem.	☐ Ja	☐ Nein
20. Er will Musik studieren.	☐ Ja	☐ Nein

Schreiben

Dieser Prüfungsteil hat zwei Teile: Sie schreiben eine SMS und eine E-Mail.

Teil 1

Sie wollen mit Ihrem Freund Julian ins Kino gehen und schreiben ihm eine SMS.

– Schreiben Sie, dass der Bus Verspätung hat.
– Fragen Sie Julian, ob er schon die Eintrittskarten kaufen kann.
– Erklären Sie, dass Julian vor dem Kino warten soll.

Schreiben Sie 20 - 30 Wörter.
Schreiben Sie zu allen drei Punkten.

Teil 2

Ihre Kollegin, Frau Kaiser, ist in ein neues Haus gezogen. Sie hat Ihnen eine Einladung zu ihrer Einweihungsfeier geschickt. Schreiben Sie Frau Kaiser eine E-Mail.

– Bedanken Sie sich und sagen Sie, dass Sie kommen.
– Informieren Sie, dass Sie etwas später kommen und begründen Sie, warum.
– Fragen Sie, ob Sie etwas mitbringen sollen.

Schreiben Sie circa 30 – 40 Wörter.
Schreiben Sie zu allen drei Punkten.

Sprechen

Dieser Prüfungsteil hat drei Teile:
Sie stellen Ihrer Partnerin / Ihrem Partner Fragen zur Person und antworten ihr/ihm.
Sie erzählen etwas über sich und Ihr Leben.
Sie planen etwas mit Ihrer Partnerin / Ihrem Partner.

Teil 1

Sie bekommen vier Karten und stellen mit diesen Karten vier Fragen.
Ihre Partnerin / Ihr Partner antwortet.

Partnerin/Partner A

| Wohnort? | Sprachen? | Kinder? | Lieblings-sendung? |

Partnerin/Partner B

| Geburtstag? | Lieblingsband? | Beruf? | Hobby? |

Teil 2

Sie bekommen eine Karte und erzählen etwas über Ihr Leben.

Partnerin/Partner A   Partnerin/Partner B

Teil 3

Sie wollen mit Ihrer Partnerin / Ihrem Partner in den Sommerurlaub fahren. Machen Sie Vorschläge und reagieren Sie auf die Vorschläge von Ihrer Partnerin / Ihrem Partner.

Partnerin/Partner A

- Meer
- Sommer: warm ☺
- Hotel (bequem)
- schwimmen
- in der Sonne liegen, entspannen
- abends: Disko

Partnerin/Partner B

- Berge
- Herbst: kühl ☺
- Campingplatz (günstig)
- wandern + klettern
- Nationalpark besichtigen
- abends: am Feuer sitzen

Antwortbogen

Nachname, Vorname _____ , _____

Geburtsdatum

Institution, Ort _____ ☐☐.☐☐.☐☐☐☐

Lesen

Teil 1			
	a	b	c
1	☐	☐	☐
2	☐	☐	☐
3	☐	☐	☐
4	☐	☐	☐
5	☐	☐	☐

Teil 2			
	a	b	c
6	☐	☐	☐
7	☐	☐	☐
8	☐	☐	☐
9	☐	☐	☐
10	☐	☐	☐

Teil 3			
	a	b	c
11	☐	☐	☐
12	☐	☐	☐
13	☐	☐	☐
14	☐	☐	☐
15	☐	☐	☐

Teil 4						
	a	b	c	d	e	f	X
16	☐	☐	☐	☐	☐	☐	☐
17	☐	☐	☐	☐	☐	☐	☐
18	☐	☐	☐	☐	☐	☐	☐
19	☐	☐	☐	☐	☐	☐	☐
20	☐	☐	☐	☐	☐	☐	☐

Hören

Teil 1			
	a	b	c
1	☐	☐	☐
2	☐	☐	☐
3	☐	☐	☐
4	☐	☐	☐
5	☐	☐	☐

Teil 2								
	a	b	c	d	e	f	g	h	i
6	☐	☐	☐	☐	☐	☐	☐	☐	☐
7	☐	☐	☐	☐	☐	☐	☐	☐	☐
8	☐	☐	☐	☐	☐	☐	☐	☐	☐
9	☐	☐	☐	☐	☐	☐	☐	☐	☐
10	☐	☐	☐	☐	☐	☐	☐	☐	☐

Teil 3			
	a	b	c
11	☐	☐	☐
12	☐	☐	☐
13	☐	☐	☐
14	☐	☐	☐
15	☐	☐	☐

Teil 4		
	Ja	Nein
16	☐	☐
17	☐	☐
18	☐	☐
19	☐	☐
20	☐	☐

Markieren Sie so: ☒

Schreiben

Wörter

1 Verben im Präsens

1.1 Regelmäßige Verben

▶ Singular **A1**, E 1, S. 13; Plural **A1**, E 2, S. 17

Infinitiv:	kommen	heißen	arbeiten
ich	komme	heiße	arbeite
du	kommst	heißt	arbeitest
er/es/sie	kommt	heißt	arbeitet
wir	kommen	heißen	arbeiten
ihr	kommt	heißt	arbeitet
sie/Sie	kommen	heißen	arbeiten

Bei Verben mit d *oder* t *vor der Endung:*
*2. und 3. P. Sg und 2. P. Pl. +*e.
du arbeitest, er arbeitet

Bei Verben mit s, ss, ß, x *oder* z *vor der*
Endung: 2. P. Sg. ohne s.
Heißt du Mia?

Die Sie-Form ist wie die Plural-Form.

Wie *heißen* sie?

Wie *heißen* Sie?

Sie heißen *Monika und Valerie.*

Ich heiße
Klaus Müller.

1.2 Verben mit Vokalwechsel

▶ **A1**, E 5, S. 42

Infinitiv:	a → ä fahren	e → ie lesen	e → i treffen	au → äu laufen
ich	fahre	lese	treffe	laufe
du	fährst	liest	triffst	läufst
er/es/sie	fährt	liest	trifft	läuft
wir	fahren	lesen	treffen	laufen
ihr	fahrt	lest	trefft	lauft
sie/Sie	fahren	lesen	treffen	laufen

genauso:	schlafen (du schläfst, er/sie schläft) einladen (du lädst ein, er/sie lädt ein)	sehen (du siehst, er/sie sieht)	sprechen (du sprichst, er/sie spricht) essen (du isst, er/sie isst) nehmen (du nimmst, er/sie nimmt) helfen (du hilfst, er/sie hilft)

1.3 Unregelmäßige Verben

▶ *sein* und *mögen* **A1**, E 1 , S. 13 und E 2, S. 17; *haben* und *möchten* **A1**, E 4, S. 34; *werden* **A2**, E 2, S. 20; *wissen* **A2**, E 8, S. 64

Infinitiv:	sein	mögen	haben	möchten	werden	wissen
ich	bin	mag	habe	möchte	werde	weiß
du	bist	magst	hast	möchtest	wirst	weißt
er/es/sie	ist	mag	hat	möchte	wird	weiß
wir	sind	mögen	haben	möchten	werden	wissen
ihr	seid	mögt	habt	möchtet	werdet	wisst
sie/Sie	sind	mögen	haben	möchten	werden	wissen

1.4 Trennbare Verben

▶ A1, E5, S.45

		Position 2		Satzende
ab|holen	Wir	holen	mittags die Kinder	ab.
	Mittags	holen	wir die Kinder	ab.
W-Frage:	Wann	holst	du die Kinder	ab?
Perfekt:	Wir	haben	mittags die Kinder	abgeholt.

	Position 1	Position 2		Satzende
Ja/Nein-Frage:	Holst	du	mittags die Kinder	ab?
Imperativ:	Hol		bitte mittags die Kinder	ab!

genauso: **an**fangen (er/sie fängt an), **auf**hören (er/sie hört auf), **auf**räumen (er/sie räumt auf), **aus**gehen (er/sie geht aus), **ein**laden (er/sie lädt ein), **kennen**lernen (er/sie lernt kennen), **mit**bringen (er/sie bringt mit), **mit**kommen (er/sie kommt mit), **um**steigen (er/sie steigt um), **weg**fahren (er/sie fährt weg), **zurück**schicken (er/sie schickt zurück) ...

1.5 Modalverben

▶ *wollen* und *müssen* A1, E7, S.60; *können* A1, E8, S.65; *sollen* A1, E15, S.122; *dürfen* A1, E15, S.125

Infinitiv:	wollen	müssen	können	sollen	dürfen
ich	will	muss	kann	soll	darf
du	willst	musst	kannst	sollst	darfst
er/es/sie	will	muss	kann	soll	darf
wir	wollen	müssen	können	sollen	dürfen
ihr	wollt	müsst	könnt	sollt	dürft
sie/Sie	wollen	müssen	können	sollen	dürfen

	Position 2 Modalverb		Satzende Infinitiv
Er	will	für Franzi	kochen.
Sie	muss	heute	arbeiten.
Sie	kann	am Samstag	kommen.
Hier	darf	man nicht	rauchen.
Der Mann	soll	die nächste Straße links	fahren.

1.6 Reflexive Verben

▶ A2, E5, S.43

Er kämmt sich.   Er kämmt seine Kundin.

genauso: (sich) ansehen, (sich) anziehen, (sich) ärgern, (sich) ausziehen, (sich) rasieren, (sich) schminken, (sich) waschen ...

Ich beeile mich.
Wie fühlst du dich in deinem Alltag?
Rudi ärgert sich.

Wollen wir uns mal wieder treffen?
Ihr entschuldigt euch.
Die Kinder streiten sich.

genauso: sich erholen, sich freuen ...

1.7. Höfliche Bitte: *könnte-* ▶ **A2,** E 2, S. 18

Könnten Sie mir bitte helfen?
Könntest du mir helfen?
Könntet ihr eine Flasche Wein mitbringen?

1.8 Ratschläge geben: *sollte-* ▶ **A2,** E 12, S. 99

ich	sollte
du	solltest
er/es/sie	sollte
wir	sollten
ihr	solltet
sie/Sie	sollten

Du solltest eine Tablette nehmen.

Ihr solltet euch nicht streiten.

Sie sollten mehr Sport machen.

1.9 *würde- gern* + Infinitiv ▶ **A1,** E 16, S. 129

ich	würde
du	würdest
er/es/sie	würde
wir	würden
ihr	würdet
sie/Sie	würden

würde- + gern + *Infinitiv* ≈ möchten + *Infinitiv*

Ich würde gern ausgehen. ≈ Ich möchte ausgehen.

	Position 2		Satzende
Sandra	würde	gern lange	schlafen.
Im Urlaub	würden	wir gern einen Tauchkurs	machen.

1.10 Imperativ

Imperativ formell ▶ **A1,** E 12, S. 96

(Sie machen oft Sport.)	(Sie nehmen ab)	Nehmen Sie (doch) ab!
	(Sie vergessen)	Vergessen Sie das Lachen nicht!
Machen Sie oft Sport!	(Sie sind)	Seien Sie viel draußen!

Imperativ informell ▶ **A1,** E 12, S. 97

du:	(du gehst)	Geh (doch) ins Fitnessstudio!	(du bist)	Sei dich nicht faul!
	(du isst)	Iss viel Obst!	(du hast)	Hab keine Angst!
	(du nimmst ab)	Nimm (doch) ab!	(du schläfst)	Schlaf gut!
ihr:	(ihr geht)	Geht (doch) spazieren!	(ihr seid)	Seid viel draußen!
	(ihr esst)	Esst nicht zu viel Fett!	(ihr habt)	Habt Geduld!
	(ihr nehmt ab)	Nehmt (doch) ab!	(ihr schlaft)	Schlaft nicht zu lange!

2 Verben in der Vergangenheit

2.1 Präteritum von *sein* und *haben*

▶ Präteritum von *sein* A1, E6, S.51; von *haben* A1, E8, S.67

Infinitiv:	sein	haben
ich	war	hatte
du	warst	hattest
er/es/sie	war	hatte
wir	waren	hatten
ihr	wart	hattet
sie/Sie	waren	hatten

Im Februar hatte ich Urlaub.

Schön! Und wo warst du?

Ich war in Wien und in Innsbruck.

2.2 Modalverben im Präteritum

▶ A2, E8, S.65

Infinitiv:	wollen	müssen	können	dürfen	sollen
ich	wollte	musste	konnte	durfte	sollte
du	wolltest	musstest	konntest	durftest	solltest
er/es/sie	wollte	musste	konnte	durfte	sollte
wir	wollten	mussten	konnten	durften	sollten
ihr	wolltet	musstet	konntet	durftet	solltet
sie/Sie	wollten	mussten	konnten	durften	sollten

	Position 2		Satzende
Ich	konnte	damals nicht mit dem Bus	fahren.
Ich	musste	zu Fuß zur Schule	gehen.

2.3 Präteritum von *kommen*, *geben* und *mögen*

▶ A2, E11, S.92

Infinitiv:		kommen	geben	mögen
Perfekt	er/es/sie	ist gekommen	hat gegeben	hat gemocht
Präteritum	er/es/sie	kam	gab	mochte

Es hat gebrannt und es gab viel Rauch. Deshalb kam die Polizei. Mein Vater mochte das gar nicht.

2.4 Perfekt

▶ Perfekt mit *haben* A1, E10, S.81; Perfekt mit *sein* A1, E10, S.82

		Position 2		Satzende
Perfekt mit haben	Ich	habe	keinen Kaffee	gekocht.
	Frau Schreiber	hat	auf meine Fragen	geantwortet.
	Am Donnerstag	haben	wir zusammen	gegessen.
Perfekt mit sein	Ich	bin	mit dem Flugzeug	geflogen.
	Nach vier Stunden	sind	wir in Dresden	angekommen.
	Helena	ist	zur Konferenz	gegangen.

Die meisten Verben bilden das Perfekt mit haben. *Bewegungsverben (gehen, fahren, fliegen, kommen, laufen, ankommen, ...) und einige andere Verben (passieren, bleiben, ...) bilden das Perfekt mit* sein.

Partizip II mit *ge-*

▶ **A1**, E 10, S. 81

regelmäßig	unregelmäßig
(hat) gemacht	(hat) gegessen
(hat) gearbeitet	(ist) geblieben
(hat) kennengelernt	(hat) angefangen

Partizip II ohne *ge-*

▶Verben auf *-ieren* **A1**, E 10, S. 81; untrennbare Verben **A2**, E 1, S. 11

Verben auf *-ieren*	regelmäßig	unregelmäßig
(hat) kopiert	(hat) bestellt	(hat) vergessen
(ist) passiert	(hat) erzählt	(ist) gefallen

Verben auf -ieren *und untrennbare Verben mit* be-, emp-, ent-, er-, ge-, ver- *bilden das Partizip II ohne ge-.*

3   Verben und Ergänzungen

3.1   Verben mit Akkusativ

▶ **A1**, E 4, S. 34

Brauchst du einen Computer?

Nein, ich brauche keinen Computer. Ich habe einen Laptop. Aber ich kaufe heute ein Smartphone.

genauso: mögen, sehen, lesen, suchen, ...

3.2   Verben mit Dativ

▶ **A1**, E 14, S. 115

Die Bluse passt dir nicht. Sie ist zu groß. Aber der Rock steht dir gut!

Ja, der Rock gefällt mir auch. Aber er gehört mir leider nicht.

genauso: helfen, danken, ...

3.3   Verben mit Dativ und Akkusativ

▶ **A1**, E 13, S. 109

	Person (Dativ)	Sache (Akkusativ)	
Ich zeige	dir	die Karte.	
Kannst du	mir	einen Tipp	geben?
Ich möchte	dir	etwas	schenken.
Ich bringe	meinem Vater	ein Buch	mit.

3.4   Verben mit Präpositionen

▶ **A2**, E 16, S. 129

mit Akkusativ	mit Dativ
Ich ärgere mich über den Lärm.	Ich träume von einer großen Reise.
Du freust dich auf das Wochenende.	Tina lädt alle Freunde zu ihrem Geburtstag ein.
Wir warten auf den Zug.	Der Akku gehört zu dem Laptop.

Eine Liste der Verben mit Präpositionen finden Sie auf Seite 194.

4 Artikel und Nomen

4.1 Artikelwörter

▶ definit und indefinit **A1**, E 3, S. 28; negativ **A1**, E 3, S. 29; Possessivartikel **A1**, E 6, S. 49

	maskulin		neutral		feminin		Plural	
definit	der	Mann	das	Kind	die	Frau	die	Freunde
indefinit	ein	Mann	ein	Kind	eine	Frau	–	Freunde
negativ	kein	Mann	kein	Kind	keine	Frau	keine	Freunde
Possessivartikel	mein	Mann	mein	Kind	meine	Frau	meine	Freunde

4.2 Singular und Plural

▶ **A1**, E 3, S. 28

Singular	Plural	Endung		Singular	Plural	Endung
der Stift	die Stifte	-e		die Brille	die Brillen	-n
der Stuhl	die Stühle	-ü-e		die Tür	die Türen	-en
das Bild	die Bilder	-er		das Handy	die Handys	-s
das Buch	die Bücher	-ü-er		die Freundin	die Freundinnen	-nen
der Computer	die Computer	-				

Lernen Sie neue Nomen immer mit Artikel und Plural!

4.3 Nominativ, Akkusativ, Dativ

▶ Nominativ **A1**, E 3, S. 26; Akkusativ **A1**, E 4, S. 33; Dativ **A1**, E 9, S. 74–75

Nominativ

	maskulin		neutral		feminin		Plural	
definit	der	Mann	das	Kind	die	Frau	die	Freunde
indefinit	ein	Mann	ein	Kind	eine	Frau	–	Freunde
negativ	kein	Mann	kein	Kind	keine	Frau	keine	Freunde

Akkusativ

	maskulin		neutral		feminin		Plural	
definit	den	Mann	das	Kind	die	Frau	die	Freunde
indefinit	einen	Mann	ein	Kind	eine	Frau	–	Freunde
negativ	keinen	Mann	kein	Kind	keine	Frau	keine	Freunde

Dativ

	maskulin		neutral		feminin		Plural	
definit	dem	Mann	dem	Kind	der	Frau	den	Freunden
indefinit	einem	Mann	einem	Kind	einer	Frau	–	Freunden
negativ	keinem	Mann	keinem	Kind	keiner	Frau	keinen	Freunden

4.4 Possessivartikel   ▶ Nominativ und Akkusativ **A1**, E 6, S. 49; Dativ **A1**, E 13, S. 109

Nominativ

		maskulin/neutral		feminin		Plural	
ich	mein	Vater/Kind	meine	Mutter	meine	Freunde
du	dein	Vater/Kind	deine	Mutter	deine	Freunde
er/es	sein	Vater/Kind	seine	Mutter	seine	Freunde
sie	ihr	Vater/Kind	ihre	Mutter	ihre	Freunde
wir	unser	Vater/Kind	unsere	Mutter	unsere	Freunde
ihr	euer	Vater/Kind	eure	Mutter	eure	Freunde
sie/Sie	ihr/Ihr	Vater/Kind	ihre/Ihre	Mutter	ihre/Ihre	Freunde

Der Possessivartikel hat dieselben Endungen wie kein.

Akkusativ: Ich mag meinen Vater.   Dativ: Ich esse mit meinem Vater.
Ich mag mein Kind.   Ich esse mit meinem Kind.
Ich mag meine Mutter.   Ich esse mit meiner Mutter.
Ich mag meine Freunde.   Ich esse mit meinen Freunden.

4.5 *welch-/dies-*   ▶ **A2**, E 13, S. 109

	maskulin	neutral	feminin	Plural
Nominativ	welcher Wein	welches Steak	welche Beilage	welche Getränke
	dieser Wein	dieses Steak	diese Beilage	diese Getränke
Akkusativ	welchen Wein	welches Steak	welche Beilage	welche Getränke
	diesen Wein	dieses Steak	diese Beilage	diese Getränke

Welcher Wein passt zu Fleisch?

Dieser Wein passt zu Fleisch. Er kommt aus Frankreich.

Welchen Wein empfehlen Sie zu Fisch?

Zu Fisch empfehle ich Ihnen diesen Wein aus Italien.

4.6 Nullartikel   ▶ **A1**, E 7, S. 58

Hast du ▢ Zeit?   *Nomen mit Nullartikel: Man kann es nicht zählen oder die Anzahl*
Dort gibt es ▢ Joghurt.   *ist nicht wichtig.*

4.7 Das Genitiv-s   ▶ **A1**, E 11, S. 91

Das ist das Zimmer von Astrid. = Das ist Astrids Zimmer.
aber: Das ist das Zimmer von Klaus. = Das ist Klaus' Zimmer.

5 Pronomen

5.1 Personalpronomen im Nominativ, Akkusativ und Dativ

► Nominativ **A1**, E 3, S. 30;
Akkusativ **A1**, E 6, S. 50; Dativ **A1**, E 13, S. 109

der → er   die → sie
das → es   die → sie (Plural)

Nominativ	Akkusativ	Dativ
ich	mich	mir
du	dich	dir
er	ihn	ihm
es	es	ihm
sie	sie	ihr
wir	uns	uns
ihr	euch	euch
sie/Sie	sie/Sie	ihnen/Ihnen

Habe ich sie schon einmal gesehen?

Ich mag ihn. Mag er mich auch?

Das Kleid steht Ihnen wirklich gut!

Wie heißen Sie?

Das Kleid steht ihr gar nicht. Es sieht schlimm aus ...

Danke. Es gefällt mir auch.

5.2 Reflexivpronomen

► **A2**, E 5, S. 43

ich	mich	wir	uns
du	dich	ihr	euch
er/es/sie	sich	sie/Sie	sich

5.3 Das Pronomen *man*

► **A1**, E 5, S. 46

In der Schweiz macht man gern Sport. = Alle / Die Schweizer machen gern Sport.
Man = *3. Person Singular.*: Hier liest man viel.

5.4 Das Pronomen *es*

► **A1**, E 14, S. 111

Es regnet. Aber morgen ist es sonnig.

5.5 Relativpronomen

► **A2**, E 14, S. 113/115; E 15, S. 125

	Nominativ	Akkusativ	Dativ
m	der	den	dem
n	das	das	dem
f	die	die	der
Pl.	die	die	denen

Relativpronomen haben fast immer die Form von definiten Artikeln.
Ausnahme ist im Dativ Plural denen.

der Parkplatz (er liegt neben dem Geschäft) = der Parkplatz, **der** neben dem Geschäft liegt
das Einkaufszentrum (es ist sehr groß) = das Einkaufszentrum, **das** sehr groß ist
die Boutique (sie hat nette Verkäufer) = die Boutique, **die** nette Verkäufer hat

6 Präpositionen

6.1 Lokale Präpositionen

Wo?
bei	Ja, wir arbeiten bei DesigNetz / beim Bäcker.	⊙
in	Ich wohne in Köln. Ich war schon in Brasilien.	
	⚠ Ich war schon in der Türkei / im Iran / in den USA.	
gegenüber von	Die Bank ist gegenüber von der Buchhandlung	⊢→⊣

bei + dem = beim; in + dem = im; gegenüber von + dem = gegenüber vom

Woher?
aus	Ich komme aus Frankfurt. Er kommt aus Deutschland.	
	⚠ Sie kommen aus dem Iran / der Türkei / den USA.	
	Ich gehe um acht aus dem Haus.	
von	Ich komme um vier vom Deutschkurs.	

von + dem = vom

Wohin?
an ... vorbei	Sie gehen an der Bank vorbei.	
bis zu	Fahren Sie bis zur Kreuzung.	
durch	Sie sind durch das Tor gegangen.	
gegen	Sie ist gegen den Baum gefahren.	
nach	Sie fliegt heute nach Dresden / nach Deutschland.	
	⚠ Sie fliegt in die Türkei / in den Iran / in die USA.	
zu	Um 8 Uhr gehe ich zum Arzt.	

an + dem ... vorbei = am vorbei; (bis) zu + dem = (bis) zum;
(bis) zu + der = (bis) zur

6.2 Temporale Präpositionen

Wann?	an	Ich habe am 12. Mai Geburtstag. Am Mittwoch habe ich frei.
		Am Abend gehe ich mit Tom ins Theater. ⚠ In der Nacht schlafen wir.
	in	Im Juli habe ich keine Zeit. Wir fahren im Sommer weg.
		Der Zug fährt in fünf Minuten ab.
	um	Ich komme um acht Uhr.
	von ... bis	Von halb acht bis acht Uhr frühstücke ich.
	vor	Vor dem Test lerne ich.
	nach	Nach dem Test feiere ich.
	zwischen	Zwischen 18 und 19:30 Uhr mache ich Sport.
Seit wann?	seit	Er lernt seit einem Monat Deutsch.
Bis wann?	bis	Bis 2 Uhr / Montag / Mai habe ich frei.
Ab wann?	ab	Ab 19 Uhr / Freitag / Juni bin ich zu Hause.

6.3 Präpositionen: *als, aus* (Material), *für, mit, ohne*

als	Ich arbeite als Ärztin.
aus	Der Lampenschirm ist aus Glas.
für	Wollen wir für Claudia kochen?
mit	Ich nehme einen Kaffee mit Zucker. Fährst du oft mit dem Bus?
ohne	Ich hätte gern einen Kaffee ohne Zucker.

6.4 Präpositionen mit Dativ: *aus, bei, mit, nach, seit, von, zu*

▶ **A1**, E 9, S. 75 (Ort), S. 76 (Zeit)

aus	Ich gehe um acht aus dem Haus.
bei	Ich wohne bei meinem Freund.
mit	Fährst du oft mit dem Bus?
nach	Nach dem Test feiere ich.
seit	Er lernt seit einem Monat Deutsch.
von	Ich komme um vier von der Arbeit.
zu	Um 8 Uhr gehe ich zum Arzt.

bei + dem = beim
von + dem = vom
zu + dem = zum
zu + der = zur

6.5 Präpositionen mit Akkusativ: *durch, für, gegen, ohne*

▶ *für* **A1**, E 7, S. 60; *ohne* **A1**, E 7, S. 62; *durch* und *gegen* **A2**, E 1, S. 13

durch	Er fährt durch den Park.
für	Ich arbeite für dich.
gegen	Sie läuft gegen einen Mann.
ohne	Ich gehe ohne dich ins Kino.

6.6 Wechselpräpositionen: *an, auf, hinter, in, neben, über, unter, vor, zwischen*

▶ mit Dativ **A1**, E 11, S. 92; mit Akkusativ **A2**, E 7, S. 61

	Wo? (Dativ)	Wohin? (Akkusativ)
an	Das Bild hängt an der Wand.	Das Bild kommt an die Wand.
auf	Die Kiste ist auf dem Bett.	Die Kiste kommt auf das Bett.
hinter	Das Bild hängt hinter der Tür.	Das Bild kommt hinter die Tür.
in	Die Bücher sind im Arbeitszimmer.	Die Bücher kommen ins Arbeitszimmer.
neben	Der Schrank steht neben dem Bett.	Der Schrank kommt neben das Bett.
über	Die Lampe hängt über dem Tisch.	Die Lampe kommt über den Tisch.
unter	Der Tisch steht unter dem Fenster.	Der Tisch kommt unter das Fenster.
zwischen	Der Sessel steht zwischen der Tür und dem Schrank.	Der Sessel kommt zwischen die Tür und den Schrank.

an + dem = am   in + dem = im   an + das = ans   in + das = ins

7 Adjektive und Adverbien

7.1 Adjektive nach dem Nomen (prädikativ)

▶ **A1**, E 3, S. 30 und E 4, S. 36

Das Buch ist interessant. Aber ich finde, der Film ist langweilig.

7.2 Adjektive nach indefinitem und negativem Artikel

▶ **A2**, E 4, S. 35

		Nominativ			Akkusativ			Dativ	
m	ein	toller	Sänger	einen	tollen	Sänger	einem	tollen	Sänger
	kein	toller	Sänger	keinen	tollen	Sänger	keinem	tollen	Sänger
n	ein	gutes	Lied	ein	gutes	Lied	einem	guten	Lied
	kein	gutes	Lied	kein	gutes	Lied	keinem	guten	Lied
f	eine	große	Show	eine	große	Show	einer	großen	Show
	keine	große	Show	keine	große	Show	keiner	großen	Show
Pl.	–	neue	Filme	–	neue	Filme	–	neuen	Filmen
	keine	neuen	Filme	keine	neuen	Filme	keinen	neuen	Filmen

7.3 Adjektive nach definitem Artikel ▶ **A2**, E 6, S. 48

	Nominativ			Akkusativ			Dativ		
m	der	schwarze	Tisch	den	schwarzen	Tisch	dem	schwarzen	Tisch
n	das	grüne	Sofa	das	grüne	Sofa	dem	grünen	Sofa
f	die	kleine	Lampe	die	kleine	Lampe	der	kleinen	Lampe
Pl.	die	grünen	Stühle	die	grünen	Stühle	den	grünen	Stühlen

7.4 Adjektive mit *zu* ▶ **A1**, E 11, S. 91

Die Wohnung ist zu klein / zu dunkel / zu teuer.
40 Minuten mit der S-Bahn – das finde ich zu weit.

7.5 Komparativ und Superlativ ▶ **A2**, E 3, S. 29

		Komparativ	Superlativ
regelmäßig:	schön	schöner	am schönsten
	schnell	schneller	am schnellsten
	leicht	leichter	am leichtesten
mit Umlaut:	alt	älter	am ältesten
	groß	größer	am größten
	hoch	höher	am höchsten
unregelmäßig:	viel	mehr	am meisten
	gut	besser	am besten
	gern	lieber	am liebsten

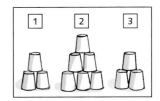

Pyramide 1 ist kleiner **als** Pyramide 2.
Pyramide 1 ist genauso hoch **wie** Pyramide 3.

7.6 Adverbien der Häufigkeit ▶ **A1**, E 5, S. 44

Wie oft?

nie · selten · manchmal · oft · immer

💬 Du rufst nie an, ich rufe immer an!
👍 Nein, manchmal rufe ich auch an.
💬 Aber sehr selten.

8 Wortbildung

8.1 Berufe: maskulin und feminin ▶ **A1**, E 2, S. 16

Student	Studentin
Arzt	Ärztin
Kaufmann	Kauffrau

8.2 Komposita ▶ **A1**, E 14, S. 113

der Winter + der Mantel   der Sommer + das Kleid   der Regen + die Hose

der Wintermantel   das Sommerkleid   die Regenhose

8.3 Nomen auf *-heit, -keit, -ung* ▶ **A2**, E 8, S. 67

immer feminin: die Kindheit, die Süßigkeit, die Ausbildung

8.4 Nomen auf -chen und -lein

▶ A2, E 15, S. 126

der Hund	das Hündchen / das Hündlein	= der kleine Hund
das Herz	das Herzchen / das Herzlein	= das kleine Herz
die Karte	das Kärtchen / das Kärtlein	= die kleine Karte

Der Artikel ist immer das.

8.5 *zum* + Nomen (Infinitiv)

▶ A2, E 10, S. 83

| navigieren | zum Navigieren | Ich habe eine App zum Navigieren. |
| Zeitung lesen | zum Lesen von Zeitungen | Das ist eine App zum Lesen von Zeitungen. |

8.6 *etwas/nichts* + Nomen

▶ A2, E 13, S. 107

| klein | Ich möchte etwas Kleines. |
| scharf | Ich möchte nichts Scharfes. |

8.7 Adjektive mit -un

▶ A2, E 4, S. 33

sympathisch – unsympathisch, sportlich – unsportlich, interessant – uninteressant
aber: nett – nicht nett

Arno findet Lena sympathisch. Susi findet sie unsympathisch.
Mein Sohn ist sehr unsportlich. Er findet Fußball total uninteressant.

8.8 Adjektive auf -los und -bar

▶ A2, E 12, S. 97

bewusstlos	Er/Sie ist bewusstlos.	=	Er/Sie ist ohne Bewusstsein.
hilflos	Er/Sie ist hilflos.	=	Er/Sie ist ohne Hilfe.
erreichbar	Er/Sie ist erreichbar.	=	Man kann ihn/sie erreichen.
ansprechbar	Er/Sie ist ansprechbar.	=	Man kann ihn/sie ansprechen.

9 Ordinalzahlen

▶ A1, E 14, S. 107

Wann?	am	ersten/zweiten/dritten/vierten/.../siebten/...	Mai	(*Zahl* + -ten)
	am	zwanzigsten/einundzwanzigsten/...	Mai	(*ab 20: Zahl* + -sten)
Welcher Tag ist heute?	der	erste/zweite/dritte/vierte/.../siebte/...	Mai	(*Zahl* + -te)
	der	zwanzigste/einundzwanzigste/...	Mai	(*ab 20: Zahl* + -ste)

Wann ist dein Geburtstag?

Mein Geburtstag ist am neunten Mai.

Welches Datum ist heute?

Heute ist der vierte Mai.

Sätze

1 Aussagesätze
▶ **A1**, E 1, S. 11; E 8, S. 64; E 9, S. 75

	Position 2		Satzende
Ich	telefoniere.		
Er	heißt	Tom.	
Wir	suchen	einen USB-Stick.	
Heute Abend	gehen	wir	aus.
Tom	will	für Franzi	kochen.
Ich	bringe	ihm eine CD	mit.

2 Fragesätze
▶ **A1**, E 1, S. 11; E 8, S. 64; E 9, S. 75

2.1 W-Fragen

Position 1	Position 2		
Wie	heißen	Sie?	Hannah Schreiber.
Wer	bist	du?	Ich bin Mia.
Woher	kommen	Sie?	Ich komme aus Köln.
Wo	wohnst	du?	Ich wohne in Berlin.
Was	magst	du?	Ich mag Musik.
Wohin	sind	Sie gefahren?	Nach Dresden.
Wann	können	Sie kommen?	Um 7 Uhr.

2.2 Fragen mit *was für ein*
▶ **A2**, E 4, S. 32

	Nominativ	Akkusativ
m	Was für ein Film ist das?	Was für einen Film möchtest du sehen?
n	Was für ein Quiz ist das?	Was für ein Quiz magst du?
f	Was für eine Sendung ist das?	Was für eine Sendung möchtest du sehen?
Pl.	Was für – Serien laufen auf Pro7?	Was für – Serien magst du?

2.3 Fragen mit *wo(r)* + Präposition
▶ **A2**, E 16, S. 131

Wozu hast du ihn eingeladen?	Ich habe ihn zum Sommerfest eingeladen.
Wovon träumt deine Tochter?	Sie träumt von einer Weltreise.
Wofür interessiert sich Saskia?	Sie interessiert sich für klassische Musik.
Woran denkst du?	Ich denke an den Sommer.
Worüber musst du dich informieren?	Ich muss mich noch über die Preise informieren.
Worauf freut sich dein Sohn?	Er freut sich auf seinen Geburtstag.

Wenn die Präposition mit einem Vokal beginnt, ergänzt man ein r.

2.4 Ja-/Nein-Fragen
▶ **A1**, E 4, S. 20

Position 1	Position 2		
Magst	du	Vanilleeis?	Ja, sehr gern.
Hast	du	einen Ausflug gemacht?	Nein, ich war zu Hause.

2.5 Indirekte Fragen

▶ A2, E 10, S. 81

direkte Fragen:

Wie viel Speicherplatz hat das Handy?
Gibt es das Handy auch in anderen Farben?

		Satzende (Verb)
Könnten Sie mir sagen,	wie viel Speicherplatz das Handy	hat?
Ich möchte noch wissen,	ob es das Handy auch in anderen Farben	gibt.

3 Ja – nein – doch

▶ A1, E 4, S. 35

💬 Haben Sie Tablets?   👍 Ja, wir haben Tablets.   👍 Nein, wir haben leider keine Tablets.
💬 Haben Sie keine Tablets?   👍 Doch, wir haben Tablets.   👍 Nein, wir haben keine Tablets.

4 Verneinung im Satz

▶ kein A1, E 3, S. 29; nicht A1, E 4, S. 32

kein	Ich habe kein Handy.	nicht	Ich gehe heute nicht ins Kino.
	Hast du keine Lust?		Ich tanze nicht gern.
	Ich durfte kein Eis essen.		Ich durfte nicht oft fernsehen.

5 Sätze verbinden

5.1 Konjunktionen und, oder, aber und deshalb

▶ A2, E 1, S. 14

Hauptsatz 1				Hauptsatz 2
Hier haben die Kaiser gewohnt	und	jetzt	wohnt	hier der Bundespräsident.
Sie können hier Museen besuchen	oder	Sie	gehen	in ein Konzert.
Im MQ kann man Kunst sehen,	aber	es	gibt	auch viele Cafés.

Hauptsatz 1			Hauptsatz 2
Das alles bietet das Palmenhaus,	deshalb	ist	das Kaffeehaus beliebt.

5.2 zuerst – dann – danach

▶ A1, E 11, S. 94

Zuerst habe ich in einer Dachwohnung gewohnt. Dann habe ich in einem Hochhaus gewohnt.
Danach habe ich in einem Bauernhaus gewohnt.

6 Nebensätze

6.1 Warum? Nebensätze mit weil

▶ A2, E 2, S. 17

Anna geht nach München. Ihr Freund lebt dort.
Anna geht nach München, weil ihr Freund dort lebt.

			Satzende (Verb)
Mario spricht etwas Deutsch,	weil	er schon Deutsch	gelernt hat.
Wir können oft sprechen,	weil	wir	skypen können.

6.2 Nebensätze mit *dass*

▶ **A2**, E3, S.27

Susi sagt: „Papageien sind intelligent."
Susi sagt, dass Papageien intelligent sind.

			Satzende (Verb)
Susi findet,	dass	Turmspringen sehr elegant	aussieht.
Rudi sagt,	dass	er schon einen Sushi-Kurs	gemacht hat.

6.3 Nebensätze mit *wenn*

▶ **A2**, E9, S.75

Der Computer stürzt ab. Ich gehe nach Hause.
Wenn der Computer abstürzt, gehe ich nach Hause.

	Position 1 (Nebensatz) Satzende (Verb)	Position 2 (Verb)	
Wenn die Kollegin	rausgegangen ist,	hat	er sich gewundert.
Wenn Sie einen Termin	absagen müssen,	schreiben	Sie eine E-Mail.

Wenn-Sätze können auch am Ende stehen:
Ich gehe nach Hause, wenn der Computer abstürzt.

6.4 Nebensätze mit *als*

▶ **A2**, E11, S.93

Rudi war 15 Jahre alt. Er hat sich in Julia verliebt.
Rudi war 15 Jahre alt, als er sich in Julia verliebt hat.

		Satzende (Verb)
Es gab viel Rauch,	als das Feuer	gebrannt hat.
Die Eltern waren sehr böse,	als die Polizei Rudi	gebracht hat.

Als-Sätze stehen oft auch am Anfang:
Als Rudi sich in Julia verliebt hat, war er 15 Jahre alt.

7   Relativsätze

7.1 Relativsätze im Nominativ und Akkusativ

▶ *Nominativ* **A2**, E14, S.113; *Akkusativ* **A2**, E14, S.113

Nominativ:

Er möchte einen Parkplatz. Der Parkplatz liegt in der Nähe vom Geschäft.
Er möchte einen Parkplatz, der in der Nähe vom Geschäft liegt.

			Satzende (Verb)
Er braucht ein Geschäft,	das	lange	geöffnet hat.
Er möchte eine Verkäuferin,	die	schnell	arbeitet.
Er will Läden,	die	interessante Produkte	haben.

Akkusativ:

Ich suche den Anzug. Ich habe den Anzug gekauft.
Ich suche den <u>Anzug</u>, den ich gekauft habe.

			Satzende (Verb)
Ich trage das <u>Kleid</u>,	das	ich gestern	gesehen habe.
Ich mag die <u>Boutique</u>,	die	du mir	empfohlen hast.
Ich kaufe die <u>Schuhe</u>,	die	ich	anprobiert habe.

Der Relativsatz steht bei dem Bezugswort, manchmal in der Mitte von einem Satz.
Nominativ: Der <u>Parkplatz</u>, der in der Nähe vom Geschäft liegt, ist voller Autos.
Akkusativ: Der <u>Anzug</u>, den du gekauft hast, ist im Schrank.

7.2 Relativsätze mit Präpositionen

► **A2**, E 15, S. 125

Ich organisiere einen Ausflug. Bei dem Ausflug haben alle Spaß.
Ich organisiere einen <u>Ausflug</u>, bei dem alle Spaß haben.

			Satzende (Verb)
Mein Vater macht ein großes <u>Fest</u>,	zu dem	er viele Gäste	einlädt.
Meine Freundin plant die <u>Hochzeit</u>,	von der	sie immer	geträumt hat.
Sie hat keine Zeit für die <u>Gäste</u>,	mit denen	sie	feiert.

Unregelmäßige Verben

Infinitiv	3. Pers. Sg. Präsens	3. Pers. Sg. Perfekt
abfahren	er/sie fährt ab	er/sie ist abgefahren
abfliegen	er/sie fliegt ab	er/sie ist abgeflogen
abgeben	er/sie gibt ab	er/sie hat abgegeben
abnehmen	er/sie nimmt ab	er/sie hat abgenommen
abschließen	er/sie schließt ab	er/sie hat abgeschlossen
anbieten	er/sie bietet an	er/sie hat angeboten
anfangen	er/sie fängt an	er/sie hat angefangen
anhalten	er/sie hält an	er/sie hat angehalten
ankommen	er/sie kommt an	er/sie ist angekommen
anrufen	er/sie ruft an	er/sie hat angerufen
ansehen (sich)	er/sie sieht an	er/sie hat angesehen
anziehen (sich)	er/sie zieht an	er/sie hat angezogen
aufstehen	er/sie steht auf	er/sie ist aufgestanden
auftreten	er/sie tritt auf	er/sie ist aufgetreten
ausfallen	er/sie fällt aus	er/sie ist ausgefallen
ausgeben	er/sie gibt aus	er/sie hat ausgegeben
ausgehen	er/sie geht aus	er/sie ist ausgegangen
ausleihen	er/sie leiht aus	er/sie hat ausgeliehen
ausschlafen	er/sie schläft aus	er/sie hat ausgeschlafen
aussehen	er/sie sieht aus	er/sie hat ausgesehen
aussteigen	er/sie steigt aus	er/sie ist ausgestiegen
ausziehen (sich)	er/sie zieht aus	er/sie hat ausgezogen
backen	er/sie backt	er/sie hat gebacken
beginnen	er/sie beginnt	er/sie hat begonnen
behalten	er/sie behält	er/sie hat behalten
bekommen	er/sie bekommt	er/sie hat bekommen
beraten	er/sie berät	er/sie hat beraten
beschreiben	er/sie beschreibt	er/sie hat beschrieben
besprechen	er/sie bespricht	er/sie hat besprochen
bieten	er/sie bietet	er/sie hat geboten
bitten	er/sie bittet	er/sie hat gebeten
bleiben	er/sie bleibt	er/sie ist geblieben
braten	er/sie brät	er/sie hat gebraten
brennen	es brennt	es hat gebrannt
bringen	er/sie bringt	er/sie hat gebracht
denken	er/sie denkt	er/sie hat gedacht
einladen	er/sie lädt ein	er/sie hat eingeladen
einschlafen	er/sie schläft ein	er/sie ist eingeschlafen
einsteigen	er/sie steigt ein	er/sie ist eingestiegen
enthalten	er/sie enthält	er/sie hat enthalten
entscheiden	er/sie entscheidet	er/sie hat entschieden
entstehen	er/sie entsteht	er/sie ist entstanden
erkennen	er/sie erkennt	er/sie hat erkannt
essen	er/sie isst	er/sie hat gegessen
fahren	er/sie fährt	er/sie ist gefahren
fallen	er/sie fällt	er/sie ist gefallen
fernsehen	er/sie sieht fern	er/sie hat ferngesehen
finden	er/sie findet	er/sie hat gefunden

Infinitiv	3. Pers. Sg. Präsens	3. Pers. Sg. Perfekt
fliegen	er/sie fliegt	er/sie ist geflogen
freihaben	er/sie hat frei	er/sie hatte frei *(Präteritum)*
geben	er/sie gibt	er/sie hat gegeben
gefallen	er/sie gefällt	er/sie hat gefallen
gehen	er/sie geht	er/sie ist gegangen
gelten	er/sie gilt	er/sie hat gegolten
genießen	er/sie genießt	er/sie hat genossen
gewinnen	er/sie gewinnt	er/sie hat gewonnen
gießen	er/sie gießt	er/sie hat gegossen
haben	er/sie hat	er/sie hatte *(Präteritum)*
halten	er/sie hält	er/sie hat gehalten
hängen	er/sie hängt	er/sie hat gehangen
heißen	er/sie heißt	er/sie hat geheißen
helfen	er/sie hilft	er/sie hat geholfen
herunterladen	er/sie lädt herunter	er/sie hat heruntergeladen
kaputtgehen	er/sie geht kaputt	er/sie ist kaputtgegangen
kennen	er/sie kennt	er/sie hat gekannt
klingen	er/sie klingt	er/sie hat geklungen
kommen	er/sie kommt	er/sie ist gekommen
laufen	er/sie läuft	er/sie ist gelaufen
leidtun	er/sie tut leid	er/sie hat leidgetan
leihen	er/sie leiht	er/sie hat geliehen
lesen	er/sie liest	er/sie hat gelesen
liegen	er/sie liegt	er/sie hat gelegen
mitbringen	er/sie bringt mit	er/sie hat mitgebracht
mitkommen	er/sie kommt mit	er/sie ist mitgekommen
mitlaufen	er/sie läuft mit	er/sie ist mitgelaufen
mitnehmen	er/sie nimmt mit	er/sie hat mitgenommen
mögen	er/sie mag	er/sie hat gemocht
nehmen	er/sie nimmt	er/sie hat genommen
nennen	er/sie nennt	er/sie hat genannt
pfeifen	er/sie pfeift	er/sie hat gepfiffen
rausgehen	er/sie geht raus	er/sie ist rausgegangen
reiten	er/sie reitet	er/sie ist geritten
riechen	er/sie riecht	er/sie hat gerochen
scheinen	er/sie scheint	er/sie hat geschienen
schiefgehen	es geht schief	es ist schiefgegangen
schlafen	er/sie schläft	er/sie hat geschlafen
schlagen	er/sie schlägt	er/sie hat geschlagen
schließen	er/sie schließt	er/sie hat geschlossen
schneiden	er/sie schneidet	er/sie hat geschnitten
schreiben	er/sie schreibt	er/sie hat geschrieben
schreien	er/sie schreit	er/sie hat geschrien
schwimmen	er/sie schwimmt	er/sie ist geschwommen
sehen	er/sie sieht	er/sie hat gesehen
sein	er/sie ist	er/sie war *(Präteritum)*
singen	er/sie singt	er/sie hat gesungen
sitzen	er/sie sitzt	er/sie hat gesessen

Infinitiv	3. Pers. Sg. Präsens	3. Pers. Sg. Perfekt
spazieren gehen	er/sie geht spazieren	er/sie ist spazieren gegangen
sprechen	er/sie spricht	er/sie hat gesprochen
springen	er/sie springt	er/sie ist gesprungen
stattfinden	er/sie findet statt	er/sie hat stattgefunden
stehen	er/sie steht	er/sie hat gestanden
sterben	er/sie stirbt	er/sie ist gestorben
streiten (sich)	er/sie streitet	er/sie hat gestritten
stoßen (sich)	er/sie stößt	er/sie hat gestoßen
teilnehmen	er/sie nimmt teil	er/sie hat teilgenommen
tragen	er/sie trägt	er/sie hat getragen
treffen (sich)	er/sie trifft	er/sie hat getroffen
trinken	er/sie trinkt	er/sie hat getrunken
übernehmen	er/sie übernimmt	er/sie hat übernommen
umsteigen	er/sie steigt um	er/sie ist umgestiegen
umziehen	er/sie zieht um	er/sie ist umgezogen
unterhalten (sich)	er/sie unterhält	er/sie hat unterhalten
unternehmen	er/sie unternimmt	er/sie hat unternommen
unterschreiben	er/sie unterschreibt	er/sie hat unterschrieben
verbinden	er/sie verbindet	er/sie hat verbunden
verbrennen	er/sie verbrennt	er/sie hat verbrannt
vergessen	er/sie vergisst	er/sie hat vergessen
verhalten (sich)	er/sie verhält sich	er/sie hat sich verhalten
verlassen	er/sie verlässt	er/sie hat verlassen
verlieren	er/sie verliert	er/sie hat verloren
verschieben	er/sie verschiebt	er/sie hat verschoben
verschlafen	er/sie verschläft	er/sie hat verschlafen
verstehen	er/sie versteht	er/sie hat verstanden
vorlesen	er/sie liest vor	er/sie hat vorgelesen
vorschlagen	er/sie schlägt vor	er/sie hat vorgeschlagen
vorsprechen	er/sie spricht vor	er/sie hat vorgesprochen
vorbeikommen	er/sie kommt vorbei	er/sie ist vorbeigekommen
wachsen	er/sie wächst	er/sie ist gewachsen
waschen (sich)	er/sie wäscht	er/sie hat gewaschen
wegfahren	er/sie fährt weg	er/sie ist weggefahren
wegfliegen	er/sie fliegt weg	er/sie ist weggeflogen
weglaufen	er/sie läuft weg	er/sie ist weggelaufen
wegwerfen	er/sie wirft weg	er/sie hat weggeworfen
wehtun	er/sie tut weh	er/sie hat wehgetan
werden	er/sie wird	er/sie ist geworden
werfen	er/sie wirft	er/sie hat geworfen
widersprechen	er/sie widerspricht	er/sie hat widersprochen
wiederkommen	er/sie kommt wieder	er/sie ist wiedergekommen
wissen	er/sie weiß	er/sie hat gewusst
zurückkommen	er/sie kommt zurück	er/sie ist zurückgekommen
zurückliegen	er/sie liegt zurück	er/sie hat zurückgelegen
zusammenhalten	sie halten zusammen	sie haben zusammengehalten

Verben mit Präpositionen

Infinitiv	Beispielsatz
sich ärgern über (Akk.)	Er ärgert sich über den lauten Umzug.
denken an (Akk.)	Sie denkt an den Sommer.
einladen zu (Dat.)	Ich lade dich zu meiner Geburtstagsfeier ein.
sich freuen auf (Akk.)	Ich freue mich auf den Urlaub.
sich freuen über (Akk.)	Er freut sich über den günstigen Tarif.
gehören zu (Dat.)	Gute Laune gehört auch zu einer Party.
(sich) informieren über (Akk.)	Sie informiert sich über den Vertrag.
sich interessieren für (Akk.)	Ich interessiere mich für den neuen Film.
träumen von (Dat.)	Sie träumt von einem eigenen Haus.
warten auf (Akk.)	Er wartet auf den Krankenpfleger.

Lösungen

9 Die lieben Kollegen

1.1
2. ansprechen – 3. machen – 4. fertig machen –
5. beantworten – 6. fahren – 7. arbeiten –
8. nehmen – 9. arbeiten – 10. gründen

1.2
Beispiel: 2. Ich spreche die Kollegin an. – 3. Mein
Computer macht Probleme. – 4. Ich muss bis morgen
eine wichtige Arbeit fertig machen. – 5. Ich beantworte
morgens immer zuerst meine E-Mails. – 6. Ich fahre
nicht gern mit dem Aufzug. – 7. Ich muss den ganzen
Tag am Computer arbeiten. – 8. Ich nehme oft die
Treppe. – 9. Meine Kollegin arbeitet nicht gern im
Team. – 10. Ich möchte eine eigene Firma gründen.

1.3
a 3 – b 1 – c 2 – d 4

1.4
1. richtig – 2. falsch – 3. falsch – 4. richtig –
5. falsch – 6. richtig

1.5
Beispiel: 1. *Frau Walton vergisst immer wieder die Namen
von den Kollegen, weil es* zu viele neue Gesichter sind. –
2. Sie spricht die Kollegin nicht an, weil es ihr unangenehm ist. – 3. Sie möchte die Kollegen nicht so viel
fragen, weil sie sie nicht bei der Arbeit stören will. –
4. Sie konnte der Kollegin helfen, weil sie das Problem
kennt. / weil sie weiß, dass man den Strom ausmachen
muss.

2.1
Wenn der Computer abstürzt, ärgere ich mich. – ..., rufe
ich den IT-Support an. – ..., gehe ich nach Hause. –
..., benutze ich mein Tablet. – ..., bitte ich einen
Kollegen um Hilfe. – ..., mache ich eine Pause.

2.2
2. Wenn ich mehr Gehalt möchte, spreche ich mit
   meiner Chefin.
3. Wenn du ein Problem hast, bittest du die Kollegen
   um Hilfe.
4. Wenn man einen Namen vergisst, ist die Situation
   peinlich.
5. Wenn der Bus Verspätung hat, rufe ich in der Firma
   an.

2.3
1. *Wenn ich morgens ins Büro komme,* trinke ich einen
Kaffee. – 2. Wenn eine Kollegin lange krank ist,
schicken wir ihr Blumen. – 3. Wenn ein Kollege im
Büro Geburtstag feiert, kauft er Kuchen für alle. –
4. Wenn der Aufzug kaputt ist, nehme ich die Treppe.

3.1
3.

3.2
1. *über* ein Problem spricht. – 2. schlecht geschlafen
hat. – 3. sie anspricht. – 4. von ihren Problemen
erzählt.

3.3
1. f – 2. e – 3. a – 4. d – 5. b – 6. c

4.1
1. lese ich Zeitung. – 2. mache ich viele Fotos. –
3. gehe ich zur Polizei. – 4. sehe ich fern. –
5. ärgere ich mich.

4.2
ist mein Computer abgestürzt – den IT-Support angerufen – hat geantwortet – in den 8./achten Stock –
unser Aufzug war kaputt – Kaffee getrunken – hat mir
geholfen – normal funktioniert – wenn ich allein bin

5.1
7. – 6. – 4. – 1. – 2. – 5. – 3.

5.2
1. leite ... weiter – 2. öffnen – 3. ausdrucken –
4. lösche – 5. speichern – 6. schließen

6.1
1. einschalten – 2. weiterleiten – 3. helfen –
4. gehen – 5. telefonieren

6.2
Beispiel: Heute Vormittag hat Frau Erkner zuerst den
Computer eingeschaltet. Dann hat sie eine E-Mail
gesendet. Später ist sie zu einer Besprechung gegan-
gen. Am Nachmittag hat sie einer Kollegin geholfen.
Dann hat sie alle Ordner geschlossen und ist nach
Hause gegangen.

7.1
über einen Termin sprechen / die neuen Möbel
vorstellen / zurückrufen oder E-Mail schreiben –
23.11. – 14:00–18:00 Uhr – *Technomobil – Lukas
Wyler* – 03376 349701 – 225

7.2
Sehr geehrter – dass Sie angerufen haben – entschuldigen Sie – absagen – einen Termin – Termin
anbieten – passt – geben ... Bescheid – stattfinden –
Mit freundlichen Grüßen

7.3
1. richtig – 2. falsch – 3. richtig – 4. falsch

7.5
1. b – 2. a – 3. a – 4. b

7.6
Zusagen: Der Termin passt mir sehr gut. – Ich komme
am 11.8. um 9 Uhr freue mich auf ein interessantes
Gespräch.

Absagen: Ich würde gerne kommen, aber ich bin seit letzter Woche krank. – Bitte entschuldigen Sie, dass ich den Termin morgen absagen muss. – Können wir unseren Termin auf nächste Woche verschieben?

7.7
Zusage:
Sehr geehrte Frau Lange,
der Termin passt mir sehr gut. Ich komme am 11. August um 9 Uhr zu Ihnen und ich freue mich auf ein interessantes Gespräch.
Mit freundlichen Grüßen
…

Absage:
Sehr geehrter Herr Meier,
ich habe ein Problem. Bitte entschuldigen Sie, dass den Termin morgen absagen muss. Ich würde gern kommen, aber ich bin seit letzter Woche krank. Können wir unseren Termin auf nächste Woche verschieben?
Mit freundlichen Grüßen
…

7.8
Beispiel:
Sehr geehrter Herr Schmidt,
bitte entschuldigen Sie, dass ich den Termin morgen absagen muss. Ich bin krank und kann deshalb leider morgen nicht zur Arbeit kommen. Können wir den Termin auf nächste Woche verschieben? Passt Ihnen Mittwoch um 10:30 Uhr?
Mit freundlichen Grüßen
…

8.1
1. Herr Vellis – 2. Frau Peters

8.2
1. *Frau Peters:* eine abwechslungsreiche Arbeit, nette Kollegen, ein gutes Gehalt
2. *Herr Vellis:* die Sicherheit, eine abwechslungsreiche Arbeit

Und in Ihrer Sprache?
1
… Herrn Kapp Ihren Laptop geben? … geben Sie ihm schnell Bescheid …

Alles klar?

1
Beispiel: 1. *Zuerst* schaltet Klaus Witke den Computer ein. – 2. *Dann* trinkt er in der Küche einen Kaffee. – 3. *Danach* arbeitet er am Computer. – 4. *Später* geht er zu einer Besprechung.

2
Wenn der Computer abstürzt – Wenn ich eine Information brauche – Wenn eine Kollegin laut telefoniert – Wenn ein Kollege immer Probleme macht

3
Beispiel:
Sehr geehrte Frau Siebel,
ich möchte Sie gern in der nächsten Woche treffen und zu Ihnen in die Firma Lingoline kommen. Ich kann Ihnen folgende Termine vorschlagen: am Montag oder Donnerstag, von 10 bis 13 Uhr. Ich hoffe, dass Ihnen die Termine passen. Geben Sie mir bitte bis morgen Bescheid.
Mit freundlichen Grüßen

4
1. falsch – 2. richtig – 3. falsch – 4. richtig

10 Mein Smartphone & ich

1.1
1. *das Display* – 2. die Kamera – 3. der Speicherplatz – 4. der Preis ohne Vertrag – 5. der Tarif – 6. die Dauer Vertrag

1.2
2. Das Lonu hat viel Speicherplatz, das flox hat mehr, aber das WYRA hat am meisten Speicherplatz. – 3. Die Kamera von dem / vom Lonu ist gut, die von dem / vom flox ist besser, aber am besten ist die Kamera von dem / vom WYRA. – 4. Der Preis von Lonu ist teuer, der von dem / vom flox ist teurer, aber am teuersten ist der Preis von dem / vom WYRA. – 5. Das Display von dem / vom Lonu ist groß, das von dem / vom flox ist größer, aber am größten ist das Display von dem / vom WYRA. – 6. Der Vertrag von dem / vom Lonu dauert lange, der von dem / vom flox dauert länger, aber am längsten dauert der Vertrag von dem / vom WYRA.

1.3
Beispiel: 1. *Zu Petra Krause passt* WYRA, *weil* sie eine günstige Flatrate, ein großes Display und viel Speicherplatz braucht. – 2. *Am besten passt zu Finn Becker* flox, weil er ein günstiges und gutes Smartphone möchte. Flox hat außerdem eine gute Kamera und genug Speicherplatz.

1.4
Ich möchte wissen, ob das Handy eine gute Kamera hat. – Super! Könnten Sie mir sagen, welche Tarife es gibt? – Wissen Sie, wie viel ich mit der Basic-Flatrate surfen kann? – Das ist nicht viel. Gibt es auch einen anderen Tarif? – Toll! Was kostet dieser Tarif? – Aha. Ich möchte noch wissen, ob man das Handy ohne Vertrag kaufen kann. – Okay, vielen Dank für Ihre Hilfe.

2.1
1. *Ich möchte wissen,* ob das Handy *eine gute Kamera* hat. – 2. *Könnten Sie mir sagen,* welche *Tarife es* gibt? – 3. *Ich möchte noch wissen,* ob man das Handy ohne *Vertrag* kaufen kann. – 4. *Wissen Sie,* wie viel ich mit der *Basic-Flatrate* surfen kann?

2.2

1. wie viel – 2. ob – 3. ob – 4. wie lange –
5. welche – 6. ob – 7. was / wie viel – 8. wo

2.3

2. Wissen Sie, ob es dieses Tablet auch in Weiß gibt? –
3. Könnten Sie mir sagen, wie viel Speicherplatz das
Smartphone hat? – 4. Wissen Sie, ob ich mit dieser
Flatrate auch im Internet surfen kann? – 5. Könnten
Sie mir sagen, welchen Tarif Sie empfehlen? – 6. Ich
möchte wissen, ob die Kamera auch eine Videofunktion
hat.

2.4

1. weiß, weiß – 2. Weißt – 3. wissen – 4. Wisst –
5. wissen

3.1

1. e – 2. f – 3. d – 4. c – 5. b – 6. a

3.2

1. richtig – 2. falsch – 3. falsch – 4. falsch –
5. richtig – 6. richtig

4.1

c – b – f – h – d – i

4.2

Frau Wang bucht Flüge. – Sie chattet. – Sie telefoniert. – Sie telefoniert. – Sie zeichnet ihre Ideen.

4.3

Das Tablet nutzt man zum Skypen. – Das Tablet nutzt
man zum Surfen. – Das Tablet nutzt man zum
Shoppen. – Das Tablet nutzt man zum Organisieren
von Aufgaben. – Das Tablet nutzt man zum Spielen von
Computerspielen. – Das Tablet nutzt man zum Foto-
grafieren. – Das Tablet nutzt man zum Finden von
Fahrplänen. – Das Tablet nutzt man zum Navigieren. –
Das Tablet nutzt man zum Planen von Terminen.

4.4

2. James braucht Stiefel zum Wandern. – 3. Er braucht
eine Kreditkarte zum Bezahlen. – 4. Er braucht eine
Badehose zum Schwimmen. – 5. Er braucht einen
Reisepass zum Reisen. – 6. Er braucht eine Kamera
zum Fotografieren von Sehenswürdigkeiten. –
7. Er braucht eine Brille zum Lesen von Büchern. –
8. Er braucht einen Kuli zum Schreiben von Postkarten.

5.1

lerne ich mit meinem Handy – zum Lernen von
Fremdsprachen gekauft – interessant und abwechslungsreich – dauert fünfundvierzig/45 Minuten –
sinnvoll nutzen – viele neue Wörter lernen – ich sehe
sie auf dem Display – sie ins Handy sagen – Sie
haben sich gewundert

5.2

Beispiel: Die App „Da-bin-ich" nutze ich zum Navigieren. – „Skizzen-Profi" nutze ich zum Zeichnen. –
Ich nutze die App „Aktuelles24" zum Lesen von Nachrichten. – Ich nutze außerdem die App „i-Kalender"
zum Organisieren von Terminen.

6.1

falsch: 1. das Buch – 2. nutzlos – 3. das Internet –
4. vergessen – 5. bieten

6.2

1. E-Books – 2. Bücher

6.3

1. falsch – 2. falsch – 3. richtig – 4. richtig –
5. falsch – 6. richtig – 7. falsch – 8. richtig

6.4

a 7 – b 5 – c 4 – d 2 – e 1 – f 3 – g 8 – h 6

6.5

Beispiel 1: Ich finde, Alina hat Recht, weil man bei
Büchern keine Technik braucht. *Ich glaube nicht, dass*
das Buch stirbt. *Meiner Meinung nach* ändert sich die
digitale Entwicklung zu schnell und man muss immer
neue E-Book-Reader kaufen. *Ich bin nicht sicher, ob* die
Menschen in 10 Jahren noch E-Book-Reader nutzen.
Aber ich bin sicher, dass viele Menschen dann noch
Bücher im Schrank stehen haben.

Beispiel 2: Ich finde, Daniel *hat Recht,* weil E-Books
praktischer sind als Bücher und Platz sparen. *Ich glaube,
dass* das Buch stirbt. *Meiner Meinung nach* sind E-Books
auch umweltfreundlicher als Bücher. *Ich bin nicht sicher,
ob* es in 100 Jahren noch Bücher gibt. *Aber ich bin sicher,
dass* immer mehr Menschen digital lesen.

7.1

2.

7.2

hat – und – gefragt – sie – *Smart*phones –
Alltag – der – hören – *Menschen* – *Musik* –
ihren – häufiger – sie – *Smart*phones – *Spielen* –
von – und – nutzen – *Smartphone* – *Lesen* –
Zeitungen – surfen – *Internet*

Alles klar?

1.1

1. richtig – 2. falsch – 3. richtig – 4. falsch

1.2

2. Megapixel die Kamera hat – 3. der Akku hält –
4. das Smartphone 32 GB Speicherplatz hat –
5. groß das Display ist

2

2g: *Foto-Profi* ist eine App zum Fotografieren.
3f: *Zeichne-Pro* ist eine App zum Zeichnen.
4a: *Aktuelles24* ist eine App zum Lesen von Zeitungen.
5c: *Ticket* ist eine App zum Buchen von Flügen.
6b: *i-Kalender* ist eine App zum Organisieren von Terminen.
7e: *Musikload* ist eine App zum Herunterladen von Musik.

3

Beispiel: 1a *Ich finde, du* hast Recht. E-Books sind nicht so gut wie Bücher. / Bücher sind besser als E-Books. – 1b Ich bin nicht sicher, ob E-Books nicht so gut wie Bücher sind. / ob Bücher besser als E-Books sind. – 2a Ich finde nicht, dass man Stadtpläne aus Papier nicht mehr braucht. – 2b Glaubst du wirklich, dass man Stadtpläne aus Papier nicht mehr braucht? – 3a Das stimmt nicht. Tablets sind nicht besser zum Lesen als Smartphones. / Smartphones sind besser zum Lesen als Tablets. – 3b Ja, ich stimme dir zu. Tablets sind besser zum Lesen als Smartphones.

11 Freunde tun gut

1.1
1. die Liebe – 2. das Unglück – 3. der Spaß – 4. das Glück

1.2
1. c – 2. c – 3. a

1.3
1. frühstücken – 2. sprechen – 3. sein – 4. zuverlässig – 5. sagen – 6. denken – 7. Spaß ... haben – 8. Chor – 9. helfen – 10. fahren – 11. telefonieren – 12. treffen
Lösungswort: Freundschaft

1.4
1. *Martina Schmidt* stimmt zu
2. *Ursula Weyer* stimmt nicht zu

1.5
Martina Schmidt: 1 – 3
Ursula Weyer: 2 – 4 – 5

2.1
1. lieb/gut – 2. mutig – 3. dünn – 4. intelligent/ klug – 5. stark – 6. kurze *Haare*

2.2
Adjektive: lieb – böse – gefährlich – groß – stark – mutig – neugierig – intelligent – graue – große – groß – leise – lang – praktisch
Tier: 3.

2.3
junge – großen – nette – netten – sportlicher – gemütlichen – spannende – neugieriger – langweiligen – süße

2.4
Beispiel: Hallo, ich bin ein junger, kluger Student aus China. Ich interessiere mich für Fremdsprachen und andere Länder. Ich spreche gut Deutsch und möchte mehr über das Leben in Deutschland wissen. Ich bin sehr neugierig und suche eine sympathische E-Mail-Partnerin oder einen sympathischen E-Mail-Partner aus Deutschland. Ich bin gemütlich und nicht sehr sportlich: Ich höre gern Musik, lese Bücher oder gehe mit meinem Hund spazieren. Er ist sehr lieb, mutig und stark, aber manchmal ein bisschen dumm. Wenn du einen E-Mail-Freund aus China haben möchtest, dann sei nicht ängstlich und schreib mir!

3.1
Hofburg – Palmenhaus – Burggarten – Staatsoper – Kärntner Straße – Dom am Stephansplatz

3.2
1. die Sehenswürdigkeiten ansehen – 2. beste Freundin aus der Kindheit – 3. waren den ganzen Tag – 4. noch tanzen

3.3
1. richtig – 2. falsch – 3. richtig – 4. falsch – 5. richtig – 6. richtig – 7. falsch – 8. falsch – 9. richtig

3.4
2. Jutta kennt Lola aus dem Kindergarten. – 4. Lola ist geschieden und lebt zusammen mit ihrem Sohn. – 7. Alles war sehr teuer, aber Jutta hat eine Bluse im Sonderangebot gekauft. – 8. Sie ist mit der U-Bahn ins Hotel gefahren.

3.5
1. mochte – 2. war – 3. gab – 4. mochte – 5. kam

3.6
Beispiel: Jutta war in Wien und wollte die Hofburg besichtigen. Dort hat sie Lola getroffen. Beide haben früher in einem Haus gewohnt. Sie waren lange beste Freundinnen. Sie haben zusammen Kaffee getrunken und sind in der Stadt spazieren gegangen. Sie haben sich die Stadt angesehen und sind shoppen gegangen. Im Hotel hat Jutta kurz geschlafen. Abends waren sie noch tanzen.

4.1
falsch: 1. altmodisch gefunden – 2. Tanzschule – 3. nach einigen Jahren

4.2
2. *haben seine Eltern* ihn in die Tanzschule geschickt. – 3. *war* er sehr nervös. – 4. hat sie ihm gesagt – 5. hat er Liselotte in ein Rock'n'Roll-Café eingeladen. – 6. durfte Liselotte nicht mehr tanzen. – 7. haben sie sich verliebt.

4.3

2. Als wir in die Schule <u>gekommen</u> <u>sind</u>, <u>haben</u> wir in der gleichen Bank <u>gesessen</u>. – 3. Als ich mich <u>verliebt</u> <u>habe</u>, <u>hat</u> sich mein bester Freund <u>gefreut</u>. – 4. Als er auch eine Freundin <u>gefunden</u> <u>hat</u>, <u>haben</u> wir viel zu viert <u>gemacht</u>. – 5. Als meine Eltern und ich <u>umgezogen</u> <u>sind</u>, <u>haben</u> wir leider den Kontakt <u>verloren</u>.

4.4

2. Wir <u>haben</u> in der gleichen Bank <u>gesessen</u>, als wir in die Schule <u>gekommen</u> <u>sind</u>. – 3. Mein bester Freund <u>hat</u> <u>sich</u> <u>gefreut</u>, als ich mich <u>verliebt</u> <u>habe</u>. – 4. Wir <u>haben</u> viel zu viert <u>gemacht</u>, als er auch eine Freundin <u>gefunden</u> <u>hat</u>. – 5. Wir <u>haben</u> leider den Kontakt <u>verloren</u>, als meine Eltern und ich <u>umgezogen</u> <u>sind</u>.

4.5

1. *Als das Mädchen den Hund gesehen hat, hatte sie* Angst. – 2. Als das Glas kaputtgegangen ist, habe ich mich geärgert. – 3. Als es plötzlich geregnet hat, hat sie ein Taxi genommen. – 4. Als sie auf dem Berg angekommen sind, waren sie müde. – 5. Als er bezahlen wollte, hatte er kein Geld.

5.1

2. Ich habe lesen gelernt, als ich … Jahre alt war. – 3. Ich bin in die Schule gekommen, als ich … Jahre alt war. – 4. Ich habe mit der Schule aufgehört, als ich … Jahre alt war. – 5. Ich habe meine erste Reise gemacht, als ich … Jahre alt war. – 6. Ich habe mich das erste Mal verliebt, als ich … Jahre alt war.

5.2

4/vier Jahre alt war – im gleichen Kindergarten – zusammen gespielt – wir in der Schule waren – die Hausaufgaben zusammen gemacht – und ich war gut in Deutsch – habe ich mich sehr geärgert – Aber wir haben dann lange nichts mehr – Vor 2/zwei Jahren – im Urlaub – viel erzählt – wieder meine beste Freundin

5.3

Beispiel: Als ich im Gymnasium war, habe ich meine beste Freundin Anna kennengelernt. Wir haben zusammen im Chor gesungen und hatten sehr viel Spaß. Ich mag sie sehr, weil sie lustig und nett ist.

7.1

Eva da Silva – Gertrud Winkler

7.2

1. nein – 2. ja – 3. ja – 4. nein – 5. nein

Und in Ihrer Sprache?

1

– vor mehr als neun Jahren; beim Chatten im Internetportal
– Gertrud Winkler 91; Eva da Silva 89
– Gertrud Winkler: Wohnheim in Siegburg, bei Bonn; Eva da Silva: Salvador de Bahia
– Gertrud Winkler: singt im Chor, chattet gern; Eva da Silva: chattet gern

Alles klar?

1

1. c – 2. d – 3. a – 4. b

2

Beispiele für Zustimmen: Ja genau, das finde ich auch. / Stimmt, das sehe ich auch so.
Beispiele für Widersprechen: Nein, das stimmt meiner Meinung nach nicht. Das sehe ich anders.

3

Figur	so sieht sie aus	so ist sie
Biene Maja	Sie ist eine kleine Biene. Sie ist gelb und schwarz und hat blonde Haare. Sie hat ein lustiges Gesicht mit einer kleinen Nase.	Sie ist klug und sehr neugierig. Sie kommt oft in gefährliche Situationen. Sie ist nett und hat einen sehr guten Freund, Willi.
Obelix	Er ist groß und stark und hat einen dicken Bauch. Seine Hose ist blau und weiß. Er hat rote Haare und einen roten Bart. Er hat ein nettes Gesicht mit einer großen Nase.	Er denkt manchmal ein bisschen langsam. Er isst sehr gern Wildschwein. Er ist sehr hilfsbereit und sein bester Freund ist Asterix.
Asterix	Er hat blonde Haare und einen blonden Bart. Er ist sehr klein.	Er ist sehr schnell und klug. Wenn er das magische Getränk trinkt, kann er gegen jeden kämpfen. Er liebt Abenteuer.

4

Beispiel: Als Klaus 12 Jahre alt war, hat er Peter im Gymnasium kennengelernt. Sie mochten sich sofort und sie waren zusammen im Sportverein. Sie haben oft gemeinsam Filme gesehen. Mit 17 Jahren waren Klaus und Peter in das gleiche Mädchen verliebt und haben sich gestritten. Die beiden Freunde hatten dann 15 Jahre keinen Kontakt mehr. Letztes Jahr haben sie sich plötzlich wieder getroffen. Heute sind sie wieder beste Freunde.

12 Eins – eins – zwei

1.1

1. c – 2. d – 3. a – 4. b – 5. e

1.2

1. *Die Frau schneidet Gemüse und* verletzt sich an der Hand. – 2. Die Verletzung blutet stark. – 3. Sie fährt mit dem Taxi ins Krankenhaus. – 4. Im Krankenhaus wartet sie in der Notaufnahme. – 5. Sie spricht mit einem Arzt.

2.1

3.

2.2

1. c – 2. b – 3. e – 4. d – 5. a

1. *Der kleine Junge ist vom Fahrrad* gefallen/gestürzt und hat sich am Bein verletzt. – 2. *Die drei Personen am Vormittag* hatten einen Autounfall. – 3. *Bei der Familie hat das* Haus gebrannt. – 4. *Die Patientin am Nachmittag* war gestürzt und hatte eine Kopfverletzung. – 5. *Der junge Mann hat* sich in den Finger geschnitten.

2.3

Gespräch 1: Hallo, hallo? Hier spricht Karl Gruber. Mein Kollege braucht Hilfe! – Die Büronummer ist: 040 23463421. – In der Firma, Meininger Straße 55. Wir sind im 3. Stock. – Mein Kollege ist plötzlich gefallen und jetzt ist er bewusstlos.

Gespräch 2: Hallo, mein Name ist Angelika Schmitz. Hier ist etwas passiert. – Äh ja, meine Nummer: 0157 89795126. – Ich bin auf der Autobahn. Auf der A1, kurz vor Bremen, bei Kilometer 86. – Hier gab es einen Autounfall. Es gibt zwei Verletzte. Sie bluten.

2.5

1. ansprechbar – 2. erfolglos – 3. erreichbar – 4. hilflos – 5. essbar – 6. bewusstlos – 7. grundlos – 8. waschbar

3.1

1. Gesundheitskarte – 2. Schmerztabletten – 3. Schmerzen – 4. Gehirn – 5. Gehirnerschütterung – 6. Gesundheit – 7. Apotheke – 8. Geburtsdatum – 9. Allergie – 10. Rezept – 11. Operation – 12. Krankenkasse

3.2

1. *Sie hat* Schnupfen. – 2. Er hat Husten. – 3. Sie hat starke Bauchschmerzen. – 4. Er hat eine Grippe. – 5. Sie hat sich geschnitten. – 6. Er hat Schmerzen in der Brust.

3.3

fehlt – Husten/Schnupfen – Schnupfen/Husten – Tee – Hals – Arme/Beine – Beine/Arme – müde – Grippe – Rezept – Tabletten – im Bett – besser – gute Besserung

3.4

1. a – 2. b – 3. c – 4. a

4.1

sollte – solltest – sollte – sollten – solltet – sollten

4.2

1. *Gehen Sie jeden Tag spazieren und* tragen Sie die richtige Kleidung! – 2. Essen Sie viel frisches Obst und Gemüse! – 3. Trinken Sie viel Tee. – 4. Duschen Sie warm und kalt. – 5. Machen Sie Sport! – 6. Schlafen Sie genug!

4.3

1. *Sie sollten jeden Tag spazieren gehen, und* Sie sollten die richtige Kleidung tragen. – 2. Sie sollten viel frisches Obst und Gemüse essen. – 3. Sie sollten viel Tee trinken. – 4. Sie sollten warm und kalt duschen. – 5. Sie sollten Sport machen. – 6. Sie sollten genug schlafen.

4.4

Meine Mutter sagt – ich sollte endlich – lernen – ich mehr Gemüse essen sollte – wir sollen die Lehrer ärgern – mag meine Lehrer eigentlich ganz gern – dass ich mehr lernen sollte – sollte die Hausaufgaben machen – ich sollte viel mehr spielen

5.1

1. d – 2. Antwort fehlt – 3. c – 4. a – 5. b

5.2

1. *Wenn man viel arbeitet und schlecht schläft, sollte man etwas Gutes für sich tun. Man sollte nicht mehr als* neun Stunden arbeiten. Man sollte Sport machen, spazieren gehen oder Freunde treffen. Man sollte sich entspannen. – 2. Wenn man sich mit 14 Jahren zu dünn findet, sollte man ganz normal und gesund essen. Und man sollte sich nicht ärgern, wenn Freundinnen oder Freunde lachen. – 3. Wenn eine Kollegin plötzlich anders ist, sollte man unbedingt offen sprechen. Man sollte sie zum Kaffee oder Wein nach der Arbeit einladen. Man sollte sagen, dass man mit ihr reden muss. Man sollte nicht streiten und ganz ruhig fragen, was passiert ist. Man sollte sich nicht ärgern. – 4. Wenn man Probleme mit dem 16-jährigen Sohn hat, sollte man akzeptieren, dass er mit 16 Jahren kein kleines Kind mehr ist. Man sollte einen „Gesprächs-termin" machen. Man sollte sein Lieblingsessen kochen und ihn fragen, was für ihn am wichtigsten ist. Man sollte Regeln mit ihm machen.

5.3

Beispiel: Lieber Lars, ich finde auch, dass man mit 16 Jahren kein kleines Kind mehr ist. Aber man muss in Deutschland bis 22 Uhr zu Hause sein, wenn man jünger als 18 Jahre ist. Sie sollten manchmal im Haushalt helfen. Sie sollten ruhig mit Ihren Eltern reden und nicht streiten. Machen Sie zusammen eine Liste und schreiben Sie: Was ist wichtig für Sie und was für Ihre Eltern.

6.1

2.

6.2

1. falsch – 2. richtig – 3. richtig – 4. falsch –
5. falsch – 6. richtig – 7. richtig

Alles klar?

1

1. *Die Frau hat* sich am Kopf gestoßen. – 2. Die Frau
ist bewusstlos. – 3. Es gab einen Autounfall. / Ein
Autounfall ist passiert. – 4. Der Mann hat sich in den
Finger geschnitten. – 5. Das Haus brennt. / Es brennt
in einem Haus. – 6. Der Mann ist gestürzt/gefallen.

2

Beispiel: 2. Ich bin in der Firma AZ, Seestraße 4 in Ulm
im 2. Stock. – 3. Mein Kollege hat Schmerzen in der
Brust. Er ist plötzlich gefallen. – 4. Ich sehe keine
Verletzungen, aber er ist bewusstlos.

3

1. b – 2. a – 3. b – 4. a

4

1. Meine Freunde sollten weniger arbeiten. – 2. Wir
sollten / Ihr solltet Sport machen. – 3. Sie sollten die
112 anrufen. – 4. Sie sollte heiße Milch trinken.

13 Hat es geschmeckt?

1.1

*Nomen: das Gericht, -e – die Spezialität, -en –
das Gewürz, -e – die Nuss, -ü-e – der Snack, -s –
die Zutat, -en – die Suppe, -en – die Küche, -en
Adjektive: scharf* – vegetarisch – authentisch –
frisch – traditionell – leicht – lecker – bio

1.2

1. Was ist Street Food? – 2. Exotische Snacks –
3. Leckeres aus Asien – 4. Pasta und mehr –
5. Wie zu Hause

1.3

1. richtig – 2. falsch – 3. richtig – 4. falsch –
5. falsch

2.1

bitter: Bier, Espresso, Kaffee, Gewürze – *frisch:* Salat,
Bananen, Obst, Gemüse, Äpfel, Paprika – *salzig:*
Bratwurst, Chips – *sauer:* Joghurt – *scharf:* Gewür-
ze – *süß:* Torte, Pralinen, Marmelade, Kakao, Zucker,
Schokolade, Lebkuchen, Eis, Kuchen

2.2

2. Wenn Thomas Mittag isst, isst er gern etwas Frisches. –
3. Wenn Thomas Kaffee trinkt, isst er gern etwas Süßes. –
4. Wenn Thomas frühstückt, isst er nichts Saures. –
5. Wenn Thomas Bier trinkt, isst er nichts Scharfes. –
6. Wenn Thomas Sport macht, isst er nichts Bitteres.

2.4

nichts Altmodisches – nichts Großes – etwas
Elegantes – etwas Feines – nichts Teures –
etwas Günstiges

3.1

1. d – 2. c – 3. b – 4. a

3.2

Kennst du ein gutes Restaurant im Stadtzentrum? –
Wie ist das Curry? – Ich mag nichts Scharfes. Kannst
du etwas anderes empfehlen? – Ich esse kein Huhn.
Gibt es etwas Vegetarisches? – Das klingt lecker! Was
kann man als Nachtisch essen? – Das Eis würde ich
auch gern einmal probieren. – Ja, gern! Das ist eine
gute Idee.

3.4

liegt direkt in der Altstadt – aromatische vegetarische
Suppen – aus frischen Zutaten – einige scharfe oder
milde Gerichte mit vielen Gewürzen – etwas Süßes als
Nachtisch – klein und gemütlich – Kaffee und
Kuchen oder ein Hauptgericht

3.5

Beispiel: Wenn Sie ein gutes Restaurant suchen,
empfehle ich den Rathauskeller. Dort kann man leckere
deutsche Gerichte essen. Ich empfehle den Fisch oder
auch die Gerichte mit Fleisch. Das Steak esse ich am
liebsten. Die Weine kommen aus Deutschland oder aus
der ganzen Welt und schmecken auch sehr gut. Das
Restaurant ist ruhig und gemütlich. Sie können jeden
Tag von 10 bis 23 Uhr dort essen.

4.1

passt nicht: 1. Serviette – 2. Öl – 3. vegan –
4. Zucker – 5. Abendessen

4.2

1. Suppen und Vorspeisen – 2. Tomatensalat –
3. *Hauptgerichte* – 4. Hühnchen – 5. Beilagen und
Gemüse – 6. Pommes frites – 7. Nachtisch –
8. Obstsalat mit Sahne

5.1

1. Dieser Tee. Der ...tee schmeckt mir am besten. –
2. Diese Torte. Die ...torte schmeckt mir am besten. –
3. Dieses Eis. Das ...eis schmeckt mir am besten.

5.2

1. Ich möchte diesen Tee, bitte. Den ...tee. –
2. Ich möchte diese Torte, bitte. Die ...torte. –
3. Ich möchte dieses Eis, bitte. Das ...eis.

5.3

1. *welches* – Dieses – 2. Dieser – diesen – Welchen –
3. welchen – dieser – Welchen – diesen – diesen –
4. Welche – Diese

5.4

1. a – 2. a – 3. b – 4. a – 5. b

5.5

a: *1*, 3, 7, 8 – b: 2, 5, 10, 11 – c: 4, 6, 9, 12

5.6

a

Kellner: Haben Sie schon gewählt?

Gast: Ich nehme den Fisch mit Kartoffeln und Salat.
Welchen Wein empfehlen Sie dazu?

Kellner: Ich empfehle Ihnen einen Weißwein.

b

Kellner: Schmeckt es Ihnen?

Gast: Hmm, eigentlich nicht. Der Salat ist viel zu salzig.

Kellner: Das tut mir leid. Sie bekommen einen neuen.

Gast: Vielen Dank. Das ist sehr nett.

c

Gast: Zahlen, bitte!

Kellner: Sofort! Hier, die Rechnung.

Gast: Die Rechnung ist falsch. Ich hatte keinen Kuchen.

Kellner: Sie haben Recht. Das ist falsch. Entschuldigung.

6.1

3.

6.2

1. falsch – 2. richtig – 3. falsch – 4. richtig –
5. richtig – 6. falsch

6.3

1. Käsefondue – 2. Älplermagronen – 3. Rösti –
4. Raclette

6.4

1. Käsefondue – 2. Älplermagronen und Rösti –
3. Rösti – 4. Apfelmus

Und in Ihrer Sprache?

1

Suppe: Tomatensuppe mit etwas Sahne, bio
Hauptgericht: Fisch, Forelle frisch vom Markt mit
grünen Bohnen und Kartoffelpüree
vegetarisches Gericht: Reis mit Gemüse, mit scharfen
Gewürzen
Nachtisch: Nusstorte mit Eis oder Sahne

Alles klar?

1.1

2b: Pietro isst nachmittags gern Bananen. – 3e: Mario
isst keine Nüsse. – 4c: Ina isst keinen Fisch. –
5d: Tom isst gern Tomaten. – 6f: Olga isst gern Steak.

1.2

Beispiel: 1. Morgens esse ich nichts Saures. – 2. Mittags
esse ich gern etwas Frisches. – 3. Nachmittags esse ich
gern etwas Süßes. – 4. Abends esse ich nichts Salziges.

2

a 5 – b 2 – c 1 – d 3 – e 4

3

1. Ich nehme das Steak mit Pommes und Champignons. – 2. Die Suppe ist zu kalt. – 3. Ja, die Rechnung
ist falsch. Ich hatte keinen Nachtisch.

14 Einkaufswelt

1

1. Größe – 2. Einkaufszentrum – 3. Einkaufstüte –
4. anprobieren – 5. Kasse – 6. Parkhaus –
7. beraten – 8. beobachten – 9. Boutique

2.1

2. brauche ... Zeit – 3. gehe ... shoppen – 4. beschreibt
das Verhalten – 5. sinnlose Dinge

2.2

falsch: 1. nicht zu – 2. Recht hat

2.3

1. falsch – 2. richtig – 3. richtig – 4. falsch

2.4

Beispiel:

Sehr geehrter Herr Schuster,
ich finde, Sie haben nicht Recht. Viele Frauen sind
Käufer, weil sie wenig Zeit haben und schnell einkaufen
müssen. Und viele Männer sind Shopper: Vielleicht
nicht in einer Boutique, aber in Baumärkten oder
Elektromärkten. Es gibt auch viele Menschen, die in ein
Einkaufszentrum gehen und dort Menschen beobachten. Diese Menschen kaufen meistens nichts.
Mit freundlichen Grüßen
...

3.1

2. c – 3. a – 4. g – 5. f – 6. h – 7. b – 8. d

3.2

2c: Ich suche eine Buchhandlung, die auch Bücher auf
Englisch hat.
3a: Ich möchte ein Einkaufszentrum, das abends lange
geöffnet hat.
4g: Ich mag keine Geschäfte, die unfreundliche
Verkäufer haben.
5f: Ich liebe Boutiquen, die elegante Mode anbieten.
6h: Ich brauche eine Verkäuferin, die gut beraten kann.
7b: Ich habe schon viele Verkäufer getroffen, die keine
Zeit für die Kunden hatten.
8d: Ich fahre nicht gerne zu einem Supermarkt, der
nicht genug Parkplätze hat.

3.3

Beispiel: 1. *Ich möchte ein Einkaufszentrum, das* viele
Parkplätze hat. – 2. Ich brauche einen Verkäufer, der
mich persönlich berät und freundlich ist. – 3. Ich mag
keine Geschäfte, die wenige Verkäufer haben und teuer
sind. – 4. Ich suche immer eine Verkäuferin, die Zeit
für mich hat.

3.4

Beispiel: 1. *Ein Optiker / Eine Optikerin ist eine Person, die Kunden berät und* Brillen verkauft und repariert. – 2. *Ein Kellner / eine Kellnerin ist ein Mensch,* der im Café oder Restaurant das Essen und die Getränke bringt.– 3. Ein Gast ist ein Mensch, der in einem Café oder Restaurant sitzt und etwas isst oder trinkt. – 4. Ein Verkäufer / eine Verkäuferin ist eine Person, die in einem Geschäft arbeitet und Dinge verkauft. – 5. Ein Kunde / eine Kundin ist eine Person, die in einem Geschäft etwas kauft. – 6. Eine Reinigungskraft ist ein Mensch, der im Einkaufszentrum putzt.

4.1

falsch: 1. Spielzeug – 2. 7 bis 14 Uhr – 3. jeden Sonntag – 4. Herrenschuhe – 5. Parfüms

4.2

das ich immer wieder gern besuche – Ich habe dort viele Lieblingsgeschäfte – shoppen – Kleidung, Kosmetik, Taschen und Uhren – Spielzeug für die Kinder – Wichtig ist für mich – dass – gute Cafés und Restaurants gibt – die Leute beobachte

4.3

1. die Apotheke – 2. die Buchhandlung – 3. das Schreibwarengeschäft – 4. die Bäckerei – 5. die Drogerie – 6. der Spielzeugladen – 7. die Weinhandlung – 8. der Elektromarkt – 9. das Schuhgeschäft

4.4

Beispiel: Wenn ich einen Drucker, einen E-Book-Reader, ein Ladekabel oder einen Fotoapparat suche, gehe ich in einen Elektromarkt. – Wenn ich Papier, eine Schere oder eine Zeitschrift brauche, gehe ich in ein Schreibwarengeschäft. – Wenn ich eine Sonnencreme, ein Parfüm, eine Seife oder einen Lippenstift brauche, gehe ich in eine Drogerie. – Wenn ich eine Sonnenbrille, ein Jackett, eine Krawatte oder ein Hemd suche, gehe ich in eine Boutique. – Wenn ich Gewürze oder einen Kamillentee brauche, gehe ich in einen Supermarkt. – Wenn ich ein Kinderbuch suche, gehe ich in eine Buchhandlung. – Wenn ich Schmerztabletten brauche, gehe ich in eine Apotheke.

4.6

1. a – 2. c – 3. c – 4. b

5.1

eine Drogerie gesehen – gibt ... keine Drogerie – hat ... Cremes – meinen Bio-Kamillentee kaufen – Bringst ... eine Packung Schmerztabletten mit – habe Zahnschmerzen – kenne ... einen ... Zahnarzt – mag keine Ärzte

5.2

a 1 – b 5 – c 4 – d 3 – e 8 – f 2 – g 7 – h 6

5.3

Buchhandlung, die – Buch, das – Comics, die ... die – Eiscafé, das – Typ, den ... der – Buchhandlung, die – Geschäft ..., das
das Buch, das Geschäft, das Eiscafé: das – das
die Buchhandlung: die – die
die Comics: die – die

5.4

1. *Wie findest du das Parfüm, das ich* dir empfohlen habe? – 2. *Wie gefällt dir die Krawatte,* die du anprobiert hast? – 3. *Willst du den Drucker kaufen,* den du gestern im Elektromarkt gesehen hast? – 4. *Hast du die Zeitschriften mitgebracht,* die ich für meine Arbeit brauche? – 5. *Hast du den Schlüssel gefunden,* den du gestern verloren hast?

5.5

2. Der Fotoapparat, den ich gestern gesehen habe, ist sehr preiswert. – 3. Hast du das Buch, das ich dir empfohlen habe, schon gelesen? – 4. Der Rotwein, der dir so gut schmeckt, liegt im Kühlschrank. – 5. Die Pizza, die du mir gestern mitgebracht hast, war wirklich super. – 6. Heute kommen meine Freunde Adisa und Sindo, die ich vor drei Jahren im Senegal kennengelernt habe, für eine Woche zu mir nach Hamburg.

5.6

1. M. Keller – 2. G. Baierle – 3. W. Müller

5.7

1. falsch – 2. richtig – 3. falsch – 4. richtig – 5. richtig – 6. falsch

6.1

1. a – 2. b – 3. c – 4. b

6.2

Beispiel: Ich gehe gern shoppen, aber nicht so oft. Wenn ich etwas brauche, gehe ich in ein Einkaufszentrum, weil es dort viele Geschäfte gibt. Ich gehe gern morgens shoppen, weil noch nicht viele Menschen unterwegs sind. Nach dem Shoppen gehe ich gern in ein Café, trinke einen Kaffee und beobachte andere Menschen beim Einkaufen.

Und in Ihrer Sprache?
1

Was: eine Tasse Tee; man kann aus 50 verschiedenen Teesorten auswählen
Wo: Café im 3. Stock, links neben dem Aufzug

Alles klar?

1

2d: Beim Shopppen gebe ich manchmal sinnlos Geld aus. – 3e: Ich probiere gern im Geschäft eine Hose an. – 4c: Wenn ich bezahlen möchte, gehe ich zur Kasse. – 5a: Herr Schuster hat das Verhalten von Menschen beim Einkaufen gut beschrieben.

2.1
EG: links 3 – *rechts* 4
1. *Stock: oben* 2 – *rechts* 1

2.2
2. Herrenhosen und Hemden kann man in der Herrenboutique im Erdgeschoss rechts neben dem Schreibwarengeschäft kaufen. – 3. Spielzeug kann man im Spielzeugladen im ersten Stock rechts gegenüber dem Schuhgeschäft kaufen. – 4. Sonnencreme kann man in der Drogerie im Erdgeschoß links neben der Bäckerei kaufen. – 5. Eine Uhr kann man im Uhrengeschäft im ersten Stock links gegenüber der Boutique für Frauen kaufen.

3
1. *Kannst du mir eine Drogerie empfehlen, die* gute Cremes hat? – 2. *Kannst du mir eine Boutique mit Verkäufern empfehlen, die* gut beraten? – 3. *Kannst du mir ein Café empfehlen, das* guten Kaffee anbietet? – 4. *Kennst du einen Elektromarkt, der* gute Fotoapparate hat?

4
Beispiel: Die Bahnhofstraße ist eine bekannte Einkaufsstraße im Zentrum von Zürich. Sie ist 1,4 km lang. Sie hat viele teure Boutiquen und Uhrengeschäfte. Dort gibt es auch viele Banken.

15 Partylaune

1.1
1. f – 2. e – 3. a – 4. b – 5. c – 6. d

1.2
Einladung 1: g – i – e – f – b
Ihr Lieben,
ich bin jetzt schon seit 45 Jahren auf der Welt. Das möchte ich mit euch am 24. April ab 15 Uhr bei mir zu Hause feiern. Bitte sagt bis zum 15. April Bescheid, ob ihr kommt.
Liebe Grüße
Miriam

Einladung 2: c – a – d – j – h
Wir sind umgezogen! Deshalb möchten wir mit euch in unserer neuen Wohnung feiern! Besucht uns am 14. Juni um 19 Uhr in der Brandstraße 3. Wir freuen uns auf euch! Sia und Tim

1.3
Liebe – Glückwunsch – freuen – wünschen – Gute – Leben – Grüße

2.1
a 2 – b 3 – c 1

2.2
1b: von ... bis – 2d: am – 3a: um – 4c: am, ab

2.3
2.

2.4
1. *Ganz herzlichen Glückwunsch zu deinem Erfolg!* = *Wir gratulieren dir* ganz herzlich zu deinem Erfolg. – 2. = Leider können wir nicht dabei sein. – 3. = Soll ich etwas mitbringen? – 4. = Klar, ich feiere mit dir! / Ich komme natürlich gern zu deiner Party!

2.5
a 4 – b 1 – c 2 – d 3

2.7
Beispiel: Hallo, Andreas! Ich gratuliere dir zu deiner neuen Stelle. Vielen Dank für die Einladung. Ich komme gern zu deiner Feier! Ich kann erst ab 21 Uhr kommen, weil ich zum Sprachkurs gehen muss. Soll ich etwas mitbringen? LG

3.1
1. machen – 2. feiern – 3. gehen – 4. grillen – 5. spielen – 6. besichtigen

3.2
1. a – 2. c – 3. f – 4. e – 5. b – 6. d

3.3
2. Geh doch mit Freunden ins Kino! – 3. Back doch mit der Familie! – 4. Mach doch nichts! – 5. Grill doch mit Freunden im Garten! – 6. Feier doch mit Freunden in einer Kneipe!

4.1
1. Ausflüge – 2. Band – 3. dekorieren – 4. gratulieren – 5. Party – 6. einladen – 7. Besteck – 8. buchen – 9. Geschirr – 10. Musikanlage – 11. Kneipe – 12. Gast
Lösungswort: Überraschung

4.2
3.

4.4
1. – 3. – 6. – 7. – 8. – 9.
Sie haben schon den DJ gebucht. *Sie müssen noch* die Getränke bestellen. Die Freundinnen haben auch schon die Musikanlage gemietet. Sie müssen aber noch am Samstag die Tische dekorieren. Sie müssen auch noch das Essen organisieren. Aber sie haben schon die Gäste eingeladen und den Raum reserviert. Sie haben auch das Besteck und das Geschirr schon bestellt.

4.4
eine Party/Überraschungsparty machen – können zusammen grillen – (zusammen) Bowling spielen

5.1
2., 4.

5.2
a Punkt 4 – b Punkt 6 – c Punkt 3 – d Punkt 5 – e Punkt 2 – f Punkt 1

5.3

seit *einem* – mit *vielen* – von *meinem* – aus *einer* – zu *meiner*

5.4

1. b – 2. d – 3. a – 4. c

5.5

2. Kennst du den netten <u>Mann</u>, mit dem ich bei deinem Geburtstag getanzt habe?

3. Meine Tochter plant gerade die <u>Hochzeitsfeier</u>, von der sie immer geträumt hat.

4. Wer waren die <u>Freunde</u>, bei denen du deinen Geburtstag gefeiert hast?

5. Das <u>Restaurant</u>, in dem wir gegessen haben, hat eine sehr gute Speisekarte.

5.6

2. denen – 3. dem – 4. der – 5. der – 6. dem

5.7

2. in dem ich noch nie war – 3. von denen ich schon viel gehört habe – 4. von der alle immer reden – 5. mit dem ich gestern telefoniert habe – 6. zu dem ich fahren muss

5.8

an dem ich immer ein Gartenfest mache – mit denen ich gern etwas in meiner Freizeit mache – Ich buche auch immer einen DJ – zu der man kommen muss – können sie natürlich zu Hause bleiben

6.1

Hochzeit – Braut – Bräutigam – Standesamt – Brautpaare – Ringe – Brautstrauß

6.2

3.

6.3

Ute Kleist + Ralf Heller: 1 – 3 – 4 – 7
Sonja Thiele + Tom Lanke: 2 – 5 – 6 – 8

6.4

2. die Karte – 3. das Spiel – 4. die Stadt – 5. der Kopf – 6. der Mann

6.5

Beispiel: Mein Freund und ich möchten unsere Hochzeit in einem warmen Land am Meer mit wenigen Freunden feiern. Wir wollen lieber in einem Standesamt als in einer Kirche heiraten. Ich möchte ein weißes Hochzeitskleid tragen und einen Brautstrauß möchte ich auch gern haben. Die Ringe sollen silber sein.

Und in Ihrer Sprache?

1

Was: Geburtstag, mit Kaffee und Kuchen
Wo: im Garten, Weberstr. 19
Wann: 16 Uhr

Alles klar?

1.1

Beispiel:
Hallo, ihr Lieben!
Ich möchte euch zum Sommerfest bei mir im Garten einladen. Ich feiere am 15. Juli ab 16 Uhr. Sagt mir bitte bis 10. Juli Bescheid, ob ihr kommt. Bitte bringt Getränke mit. Und vergesst die gute Laune nicht!
Ich freue mich auf euch!
Eure …

1.2

Beispiel:
Liebe Clara,
ganz herzlichen Glückwunsch zur Geburt von deiner Tochter. Ich wünsche euch alles Gute und eine schöne Zeit mit eurer Frieda.
Liebe Grüße
…

2

1. ich komme auf jeden Fall zu deiner Party – 2. Ich würde sehr gern kommen – 3. aber ein bisschen später – 4. Ich kann aber leider nicht kommen

3.1

2. Hast du schon die Einladungen geschrieben? – 3. Hast du schon das Geschirr bestellt? – 4. Hast du schon den Tisch gedeckt? – 5. Hast du schon die Tische / den Raum dekoriert?

3.2

1. mit dem du immer so zufrieden bist – 2. von der du mir erzählt hast – 3. bei der du das Essen und die Getränke bestellst

16 Kulturwelten

1.1

1. die Band – 2. der Straßenkünstler – 3. das Zirkuszelt – 4. die Sängerin – 5. die Zuschauer / das Publikum – 6. die Bühne – 7. die Akrobatin – 8. der Infostand – 9. der Umzug – 10. das Kostüm

1.2

2. d – 3. j – 4. g – 5. a – 6. b – 7. i – 8. e – 9. f – 10. c

1.3

Beispiel: 2d: Der Straßenkünstler jongliert mit Feuer. – 3j: Die Zuschauer zahlen Eintritt. – 4g: Die Musiker laufen im Umzug mit. – 5a: Das Publikum wirft / Die Zuschauer werfen Geld in den Hut. – 6b: Der Clown trägt ein Kostüm. – 7i: Die Sängerin singt auf der Bühne. – 8e: Das Publikum hat / Die Zuschauer haben Spaß. – 9f: Der Mann informiert sich über das Programm. – 10c: Viele Menschen wollen eine Vorführung besuchen.

1.4

1. *im*, zwischen den – 2. in das – 3. vor dem, neben dem – 4. über die – 5. unter der – 6. auf die – 7. neben der – 8. auf dem

1.5

1. c – 2. c – 3. b – 4. b

1.6

Was?	Wann?	Wo?	Eintritt
Straßenkunst-Festival	von Samstag um 9 Uhr bis Sonntag um 21 Uhr	Altstadt von Dortmund	Tickets für 10 Euro
Blues-Konzert	Freitag um 20 Uhr Treffen um 19 Uhr	Konzerthalle	18 Euro
Samba-Umzug	Sonntag um 15 Uhr Treffen um 14:45 Uhr	am Bahnhof	

1.7

Das Straßenkunst-Festival beginnt am Samstag um 9 Uhr und endet am Sonntag um 21 Uhr. Es findet in der Altstadt von Dortmund statt. Die Tickets kosten 10 Euro.
Das Blues-Konzert ist am Freitag um 20 Uhr in der Konzerthalle an. Sophie und Anne treffen sich um 19 Uhr vor der Konzerthalle. Ein Ticket kostet 18 Euro.
Der Samba-Umzug fängt am Sonntag um 15 Uhr am Bahnhof an. Die Künstlerinnen und Künstler treffen sich um 14:45 Uhr am Bahnhof.

2.1

1. Was macht man als Festival-Managerin? – 2. Was ist für ein gutes Festival wichtig? – 3. Organisieren Sie alles selbst? – 4. Was gefällt Ihnen an Ihrer Arbeit am besten?

2.2

1. falsch – 2. falsch – 3. richtig – 4. richtig

2.3

1. c – 2. d – 3. e – 4. b – 5. a

2.4

2. Sie freut sich jeden Tag auf ihre Arbeit. – 3. Sie lädt Künstlerinnen und Künstler zu den Straßenkunstfestivals ein. – 4. Frau Hübner träumt von einem internationalen Lese-Festival. – 5. Sie ärgert sich über schlechtes Wetter.

2.5

zu – über – an – auf – auf

2.6

Beispiel: 1. *Susan lädt Linda zum* Frühstück ein. – 2. Lena informiert sich über die Medikamente/Tabletten. – 3. Maike freut sich auf den Urlaub / das Meer / den Strand. – 4. Alex ärgert sich über den Stau / den Verkehr. – 5. Eberhard interessiert sich für Briefmarken. – 6. Tom denkt an den Autounfall. – 7. Merle freut sich über die Geburtstagstorte / den Geburtstagskuchen. – 8. Hans träumt von viel Geld.

3.1

1. klassische Musik – 2. genießen – 3. Eintritt – 4. Eintrittskarten – 5. interessant – 6. Spaß – 7. Bühnen – 8. informieren – 9. auftreten – 10. zelten – 11. Wohnwagen – 12. bequemer – 13. Sonne – 14. Wetter – 15. Kleidung

3.2

2.

3.3

Beispiel: 1. *Man sollte früh die Eintrittskarten kaufen, weil* viele Musikfestivals sehr beliebt sind und die Eintrittskarten schnell weg sind. – 2. Man sollte mit Freunden zu einem Festival fahren, die gute Laune haben. – 3. Im Programm auf der Internetseite kann man sich über die Bands informieren. – 4. Man kann auf dem Festival zelten, im Wohnwagen schlafen, ein Hotelzimmer mieten oder in einer Jugendherberge schlafen. – 5. Die richtige Kleidung ist wichtig, weil das Wetter bei Open-Air-Festivals leider nicht immer gut ist.

3.4

Ich höre sehr gern *Live*-Musik – findet jedes Jahr im Juli statt. Der Eintritt ist sehr günstig – treten kostenlos auf – es gibt auch internationale Künstler – Das ist eine österreichische Band – Das Festival war sehr schön – die Musik war toll – es war kalt und nass

3.5

Beispiel: 1. Karin und zwei Freundinnen haben ein Pop-Festival besucht. – 2. An einem Wochenende im Juni haben sie zwei Tage lang viel Musik gehört und getanzt. – 3. Karin hat den Auftritt von ihrer Lieblingsband *Blütentau* gesehen. – 4. Sie hat / Sie haben im Zelt geschlafen. – 5. Sie hat / Sie haben sich über das gute Wetter gefreut.

4.1

1. c – 2. d – 3. e – 4. a – 5. b

4.2

2. Sie informieren sich über die Ticketpreise. – 3. Er träumt von einem großen Haus. – 4. Ich interessiere mich für Jazz-Musik. – 5. Wir freuen uns über das neue Spielzeug. – 6. Sie ärgert sich über das schlechte Essen. – 7. Wir warten auf den Bus zum Festival. – 8. Ich denke an meine Familie.

4.3

2. sich freuen über: worüber → Worüber freust du
dich? – 3. denken an: woran → Woran denkst du? –
4. sich ärgern über: worüber → Worüber ärgerst du
dich? – 5. träumen von: wovon → Wovon träumst
du? – 6. sich interessieren für: wofür → Wofür
interessierst du dich? – 7. warten auf: worauf →
Worauf wartest du? – 8. sich informieren über:
worüber → Worüber informierst du dich?

4.5

1. *Wie bitte? Worauf freust du dich?* – 2. Wie bitte?
Worüber freust du dich? – 3. Wie bitte? Woran denkst
du? – 4. Wie bitte? Worüber ärgerst du dich? –
5. Wie bitte? Wovon träumst du? – 6. Wie bitte? Wofür
interessierst du dich? – 7. Wie bitte? Worauf wartest
du? – 8. Wie bitte? Worüber informierst du dich?

6.1

Bayern – feiern; Bild – Schild; breit – weit;
dann – wann; denken – schenken; Eis – heiß;
Ende – Hände; fragen – tragen; Herz – März;
Idee – See; immer – Zimmer; Kuss – muss;
lachen – machen; leise – Reise; Ort – Wort;
Raum – Traum; richtig – wichtig

6.2

Ein Mann steht an seinem Herd
und träumt dabei von einem Pferd.
Wie gern möchte er jetzt reiten,
doch wer würde ihn begleiten?
Also bleibt er lieber zu Haus,
kocht weiter und bekommt Applaus
für seine leckere Gemüsesuppe.

Und in Ihrer Sprache?
1

Wo? in Neustadt – *Wann?* vom 28. bis 30. Mai –
Umzug? am Freitag um 18 Uhr – *Eintritt?* kostenlos –
Essen und Trinken? leckere Spezialitäten und Bierzelt im
Stadtpark – *Programm?* am Bahnhof, an der Touristen-
information und online auf der Webseite/Internetseite

Alles klar?

1

1. Das Festival findet vom 19. bis 21. Juni 2017 im
Stadion in Hannover statt. – 2. Bands und DJs aus
14 Ländern nehmen teil. – 3. Der Eintritt ist frei/
kostenlos. Aber man soll/kann Hutgeld geben.

2

zum / zu dem – für die – über/auf den – auf den –
über die – auf den

3

Beispiel: Tom Reiler mag Popmusik. Seine Lieblingssängerin ist Madonna. Er geht gern in Konzerte, aber
die Oper mag er nicht. Er spielt Gitarre in seiner
eigenen Band.

Hörtexte

Hier finden Sie alle Hörtexte, die nicht oder nicht komplett in den Einheiten abgedruckt sind.

9 Die lieben Kollegen

1.3 + 1.4 + 1.5

🗨 Hier ist Rainer Litz von Radio *Panorama*. Ich bin heute in einer Fußgängerzone in Stuttgart unterwegs und frage Menschen, wie zufrieden sie bei der Arbeit sind.
Entschuldigen Sie, darf ich Sie kurz etwas fragen?

👍 Ja.

🗨 Wie heißen Sie und was sind Sie von Beruf?

👍 Mein Name ist Jenifer Walton und ich arbeite als Projektleiterin.

🗨 Frau Walton, arbeiten Sie schon lange bei Ihrer Firma?

👍 Nein, ich habe erst neu angefangen.

🗨 Sie sind also neu in einer Firma. Wie fühlen Sie sich?

👍 Ja, ganz gut. Die meisten Kollegen sind nett zu mir. Aber es sind zu viele neue Gesichter und ich vergesse immer wieder die Namen. Manchmal weiß ich dann einen Namen nicht und das ist mir peinlich.

🗨 Sie sagen, dass die meisten Kollegen nett sind. Gibt es auch unfreundliche Kollegen?

👍 Ich weiß nicht. Ich kenne sie noch nicht so gut. Eine ältere Kollegin ist schon sehr lange in der Firma. Ich finde sie eigentlich sympathisch, aber sie spricht nur wenig mit mir. Oft sagt sie nicht einmal „Hallo!". Das ist ein Problem für mich. Gestern bin ich mit ihr zusammen im Aufzug gefahren. Wir haben kein Wort gesprochen. Ich weiß nicht: Mag sie mich nicht oder ist sie immer so? Vielleicht muss ich sie mal ansprechen. Aber das ist mir unangenehm.

🗨 Und wie ist es bei der Arbeit?

👍 Nun ja, ich kann meine Aufgaben schon machen, ich habe das gelernt und ich habe schon in anderen Firmen gearbeitet. Aber in der Firma ist vieles anders: Wo ist der Konferenzraum? Wie funktioniert die Kaffeemaschine? Wer kann mir bei meinen vielen kleinen Problemen helfen? Ich muss oft die Kollegen fragen. Aber ich möchte auch nicht zu viel fragen. Ich will die Kollegen nicht bei der Arbeit stören.

🗨 Aber Sie helfen doch bestimmt auch Ihren Kollegen manchmal.

👍 Ja, das stimmt. Letzte Woche hatte meine Kollegin in meinem Büro ein Problem. Ihr Computer ist abgestürzt. Das war blöd, weil sie unbedingt ihre E-Mails beantworten musste. Sie hat sofort den IT-Support angerufen, aber der Support hatte keine Zeit. Ich kenne dieses Problem und ich weiß, dass man den Strom ausmachen muss. Ich habe mich gefreut, dass ich ihr helfen konnte.

🗨 Vielen Dank für das Gespräch, Frau Walton. Ich wünsche Ihnen weiter viel Erfolg. Und wir spielen erst einmal Musik und ...

4.2

Liebe Tina,
ich hatte heute einen verrückten Tag im Büro. Heute Vormittag ist mein Computer abgestürzt. Ich habe den IT-Support angerufen, aber keiner hat geantwortet. Du kennst ja unseren IT-Support. Ich bin also zu den Kollegen gelaufen, zu Fuß in den 8. Stock, denn unser Aufzug war kaputt. Die Kollegen vom IT-Support haben gemütlich zusammen Kaffee getrunken. Sie sind immer sehr nett und ein Kollege ist sofort mitgekommen und hat mir geholfen. Er hat kein Problem gefunden, alles hat ganz normal funktioniert. Hoffentlich funktioniert der Computer auch, wenn ich allein bin! Wie geht's dir? Was macht dein neuer Job?
Liebe Grüße
Sabrina

7.1

Hier ist Anna Santos. Ich bin leider nicht im Büro. Bitte hinterlassen Sie eine Nachricht nach dem Ton. – Guten Tag, Frau Santos. Hier spricht Lukas Wyler von der Firma *Technomobil*. Ich rufe an, weil ich mit Ihnen über einen Termin sprechen möchte. Könnten Sie am 23. November zwischen 14 und 18 Uhr zu uns kommen und uns die neuen Möbel vorstellen? Bitte rufen Sie mich kurz zurück, die Telefonnummer ist 03376 349701. Meine Durchwahl ist die 225. Ich wiederhole: 03376 349701 und die Durchwahl ist 225. Oder schreiben Sie uns eine E-Mail. Die Mailadresse haben Sie ja. Vielen Dank!

7.4

Möbel-Kauss, Melize Just, was kann ich für Sie tun? – Einen Moment bitte. Ich verbinde. – Anna Santos am Apparat. – Sehr gut. Und wann? Um 12:30 Uhr oder um 17 Uhr? – Wenn beide Zeiten passen, dann lieber um 17 Uhr. – Sehr gut! Vielen Dank, dass Sie angerufen haben und wir sehen uns dann am 29.

8.1 + 8.2

🗨 Liebe Hörerinnen und Hörer, was ist Ihnen wichtig im Beruf? Wir haben Sie gefragt und Sie haben bei uns angerufen. Ich spreche jetzt mit Frau Peters. Hallo, Frau Peters. Sie rufen aus Berlin an. Frau Peters, was ist Ihnen im Beruf wichtig?

👍 Ich arbeite als Sekretärin in einer kleineren Firma. Die Arbeit gefällt mir, sie ist interessant und abwechslungsreich. Ich habe gern viel Kontakt mit Menschen, deshalb telefoniere ich auch gern mit unseren Kunden. Außerdem finde ich meine Kollegen sympathisch und arbeite gern mit ihnen. Für mich ist genauso wichtig, dass der Chef – d.h. bei mir meine Chefin – angenehm ist. Meine Chefin hat viel Geduld, wenn etwas einmal nicht sofort funktioniert. Auch das Gehalt ist für mich wichtig, denn ich lebe allein und habe ein Kind.

🗨 Vielen Dank, Frau Peters. Auch Herr Vellis hat angerufen.
Guten Tag, Herr Vellis. Was meinen Sie zu diesem Thema?

👍 Ja, hallo. Also ich arbeite als Sachbearbeiter. Ich finde meine Arbeit leider nicht so interessant. Das Gehalt ist nicht schlecht, aber die Arbeit ist sehr langweilig. Für mich ist am wichtigsten, dass meine Stelle sicher ist, denn ich habe Familie und zwei kleine Kinder. Und ich habe diese Sicherheit in meiner Firma. Aber für mich ist es auch wichtig, dass ich eine abwechslungsreiche Arbeit habe und manchmal etwas Neues machen kann. Vielleicht wechsele ich im nächsten Jahr zu einer anderen Firma. Meine Frau kann nächstes Jahr auch wieder arbeiten, weil unser Sohn in den Kindergarten kommt. Und wenn meine Frau arbeitet, dann haben wir auch ihr Gehalt. Vielleicht suche ich dann eine andere Stelle.

🗨 Dann wünsche ich Ihnen viel Erfolg, Herr Vellis und vielen Dank, dass Sie uns angerufen haben. Liebe Zuhörer, Sie haben gehört, wie verschieden ...

4

🗨 Firma *Simtex*, Chantal Becker, was kann ich für Sie tun?

👍 Guten Tag, Alexandra Tannhäuser. Ich habe morgen einen Termin mit Herrn Schmidtbauer, aber ich kann leider nicht kommen. Ich bin seit gestern krank. Können wir den Termin verschieben?

🗨 Sagen Sie mir bitte: Um wie viel Uhr haben Sie den Termin?

👍 Um 11:30 Uhr.

🗨 Ah ja, ich sehe, ja, der Termin dauert eine Stunde. Da muss ich erst Herrn Schmidtbauer fragen, wann er Zeit hat. Dann gebe ich Ihnen Bescheid.

👍 Gerne, meine Handynummer ist 0164 25393675.

🗨 0164 25393675. Gut, ich rufe Sie heute Nachmittag an. Gute Besserung!

👍 Vielen Dank. Auf Wiederhören.

🗨 Firma *Simtex*, Chantal Becker, was kann ich für Sie tun?

👍 Guten Tag, mein Name ist Varvelli. Ich möchte gern mit Herrn Schmidtbauer sprechen.

🗨 Tut mir leid, Herr Schmidtbauer ist in einer Besprechung.

👍 Oh, okay. Wann kann ich mit ihm sprechen?

🗨 Hmm, also Herr Schmidtbauer ist heute und morgen in vielen Besprechungen. Es ist am besten, wenn wir einen Termin machen. Die folgenden Termine kann ich Ihnen anbieten: Morgen Vormittag um 10 Uhr oder morgen Nachmittag um 16:30 Uhr.

👍 Gut, dann würde ich gerne am Nachmittag anrufen.

🗨 Gerne. Sagen Sie mir bitte noch einmal Ihren Namen.

👍 Varvelli, ich buchstabiere V A R V E L L I.

🗨 Gut, Herr Varvelli. Dann morgen um halb fünf.

👍 Vielen Dank. Auf Wiederhören.

🗨 Auf Wiederhören.

10 Mein Smartphone & ich

4.1

🗨 Mama, du hast ein neues Smartphone gekauft! Welche Apps hast du?

👍 Apps? Keine Ahnung. Ich glaube, mein Handy hat die normalen Apps. Aber ich nutze sie gar nicht.

🗨 Du nutzt keine Apps? Warum nicht?

👍 Ich brauche ein Handy nur zum Telefonieren und zum Schreiben von SMS. Und da habe ich eine App zum kostenlosen Telefonieren. Aber die anderen Apps finde ich nicht sinnvoll. Zum Beispiel diese verrückte App zum Suchen von Toiletten in der Stadt. ... Tim hat doch diese App.

🗨 Nein, nein. Tim hat nicht *woKlo*. Aber er hat zum Beispiel eine App zum Herunterladen von Musik, *Musikload*. Und viele Apps sind sehr sinnvoll. Ich nutze jeden Tag *Akuelles24*. Das ist eine tolle App zum Lesen von Zeitungen.

👍 Ja, na gut. Aber zum Lesen von Zeitungen brauche ich kein Handy.

🗨 Mama, du bist schon komisch. Alle nutzen Apps.

👍 Warum „alle"? Papa zum Beispiel nutzt keine Apps.

🗨 Doch. Papa wollte immer *iFlug* haben. Er wollte Flüge für euch buchen. Aber er hat die App nicht gekauft, weil sie zu teuer ist. Jetzt hat er diese tolle App zum Navigieren, wenn ihr in den Urlaub fahrt. *Da-bin-ich* heißt sie. Sie ist sehr gut.

👍 Hmm, ja, das stimmt. Im Urlaub. Aber sonst ... Ich möchte nicht zu viel mit dem Handy arbeiten. Ich habe keine Zeit für so etwas. Ich bin da anders als deine Tante Beate. Die ganze Zeit zeichnet sie komische Dinge auf ihrem Display.

🗨 Aber Mama, Tante Beate zeichnet doch nicht. Sie benutzt *Business-Kalender*. Das ist eine App zum Organisieren von Terminen. Die App hilft ihr bei der Arbeit. Sie hat sie mir gezeigt. Und Oma ...

👍 Oma nutzt bestimmt keine Apps! Für sie ist gratis telefonieren sinnvoll, aber sie will nicht.

🗨 Stimmt, aber auch Oma hat Apps. Sie hat zum Beispiel diese komische App zum Erkennen von Vogelstimmen, wie heißt sie noch ... *eNatur*!

👍 Oma also auch. Nutzen denn alle in dieser Familie gerne Apps, nur ich nicht?

🗨 Ich glaube, ja!

5.1

Seit drei Monaten lerne ich mit meinem Handy Chinesisch. Ich habe eine App zum Lernen von Fremdsprachen gekauft. Sie heißt *SprachFit*. Ich finde die App interessant und abwechslungsreich, also nutze ich sie jeden Tag. Die Fahrt mit dem Bus zur Arbeit dauert 45 Minuten. Mit *SprachFit* kann ich diese Zeit sinnvoll nutzen. Unterwegs kann ich viele neue Wörter lernen. Ich höre die Wörter und ich sehe sie auf dem Display, dann muss ich sie ins Handy sagen. Einmal waren chinesische Touristinnen im Bus. Sie haben sich gewundert, weil ich auf Chinesisch telefoniert habe!

6.2 + 6.3 + 6.4

🗫 Hallo, liebe Hörerinnen und Hörer. Hier ist Mario Gauß. Ich begrüße Sie zu unserer Sondersendung zur *Frankfurter Buchmesse*.
Unsere Frage heute: Stirbt das Buch? Mit mir hier im Studio sind Daniel Pfeiffer und Alina Pohl. Sie studieren beide hier in Frankfurt.

👍 Hallo!

👍 Hallo!

🗫 Daniel, liest du gern?

👍 Ja, natürlich. Ich lese sehr gern, aber nur digital: E-Books.

🗫 Du hast keine Bücher?

👍 Doch, ich habe wenige Bücher, aber ich kaufe keine neuen Bücher mehr.
Ich glaube, dass E-Books einfach besser sind, umweltfreundlicher und bequemer. Sie sparen auch Platz, weil ein kleines Gerät so viele Bücher enthält wie eine ganze Bibliothek und sie sind nicht so teuer wie Bücher. Wenn man in den Urlaub reist, braucht man keine schweren Bücher im Koffer. Man braucht nur einen E-Book-Reader oder ein Smartphone. Das ist alles.

🗫 Also glaubst du, dass das Buch aus Papier bald stirbt?

👍 Ich bin nicht sicher, ob das Buch stirbt, aber es ist möglich.

🗫 Alina, was meinst du?

👍 Ich sehe das anders. Ich habe einige E-Books auf meinem Tablet, aber ich lese sie nicht gern. Meiner Meinung nach sind E-Books einfach nicht so schön wie richtige Bücher. Ich mag es, wenn ich meine Bücher anfassen und riechen kann!

🗫 Vielleicht nicht so schön, aber Daniel meint, sie sind sehr praktisch.

👍 Nein, ich finde nicht, dass E-Books sehr praktisch sind. Sie verbrauchen zum Beispiel viel Strom. Im Urlaub wandere ich in den Bergen und zelte. Wo gibt es Strom auf einem Berg, bitte?

👍 Hmm, ich finde, du hast Recht. Aber in zehn Jahren ist die Smartphone-Technik besser und die Akkus halten länger.

👍 Vielleicht, aber zuverlässig sind sie wirklich nicht. Glaubst du wirklich, dass die Technik in zehn Jahren deine heutigen E-Books lesen kann? Die digitale Entwicklung ist sehr schnell. Das finde ich nicht gut.

👍 Ja, ich stimme dir zu. Aber dann kaufe ich neue E-Books für die neue Technik. Das ist nicht schlimm.

🗫 Alina und Daniel, ich danke euch für das interessante Gespräch. Liebe Zuhörer, was meinen Sie: Stirbt das Buch? Rufen Sie uns an …

1.1

🗫 Kann ich Ihnen helfen?

👍 Ja. Ich möchte gern wissen, welche Tarife es für dieses Smartphone von *flox* gibt.

🗫 Wir haben für alle Smartphones den Super-Tarif oder den Normal-Tarif.

👍 Könnten Sie mir sagen, was diese Tarife kosten?

🗫 Der Super-Tarif kostet 19,90 Euro im Monat und Sie können SMS schreiben und telefonieren, so viel Sie wollen. Sie können bis zu 500 MB im Internet surfen. Der Normal-Tarif ist günstiger, er kostet nur 8,90 Euro. Auch mit dem Normal-Tarif können Sie umsonst telefonieren, aber nur 50 SMS im Monat gratis senden. Im Internet surfen, können Sie nur bis 200 MB. Beide Tarif-Verträge dauern 12 Monate.

👍 Hmm, okay, danke. Dann würde ich gern wissen, ob ich das Smartphone auch ohne Vertrag kaufen kann.

🗫 Ja, klar. Dann kostet es aber mehr: 299,50 Euro.

👍 Aha, gibt es das Smartphone auch in anderen Farben?

🗫 Ja, in Schwarz, Weiß und Grün. Aber Grün haben wir im Moment nicht da, das müsste ich extra bestellen.

👍 Okay, vielen Dank für Ihre Hilfe.

🗫 Gern geschehen.

11 Freunde tun gut

1.4 + 1.5

🗫 Sieh mal, Ursula! Hast du das gelesen? Kevin Costner findet seine Freunde wichtiger als seine Frau.

👍 Was sagst du da, Martina? Echt? Das finde ich blöd.

🗫 Na ja. Ich finde, dass er Recht hat. Für mich sind meine Freunde auch am wichtigsten im Leben. Wie du, meine liebe Ursula.

👍 Danke, du bist mir doch auch sehr wichtig. Aber ich sehe das anders: Du bist auch nicht verheiratet. Aber der Partner oder die Partnerin … mit dem lebe ich jeden Tag zusammen. Wir haben einen gemeinsamen Alltag.

🗫 Ja, genau: der Alltag. Verheiratet oder nicht – das ist doch egal. Man ist jeden Tag zusammen und das ist auch schön. Aber ich finde es besonders wichtig, dass meine Freunde für mich da sind, wenn ich Hilfe brauche. Die Freunde kennt man oft auch viel länger als den Partner.

👍 Meiner Meinung nach stimmt das nicht. Wenn ich Probleme habe, dann spreche ich lieber mit meinem Mann.

🗫 Ach ja? Und wen hast du angerufen, als deine Mutter den Unfall hatte?

👍 Ja gut, dich. Aber das heißt doch nicht, dass mein Mann nicht wichtig ist.

🗫 Natürlich nicht. Die Frage ist: Lieber ein Leben ohne Mann oder ohne Freunde?

👍 Ganz ohne Freunde?

🗫 Ja!

👍 Hmm, vielleicht ist das Zitat von Kevin Costner doch nicht so schlecht. Wenn ich mir …

3.1 + 3.2 + 3.3

🗨 Hallo, Jutta. Schön, dass du wieder da bist. Aber jetzt erzähl: Wie war es in Wien?

👍 Super toll! Ich hatte so ein Glück.

🗨 Glück? Was ist denn passiert?

👍 Das ist wirklich unglaublich. Also, am Sonntag wollte ich mir die Sehenswürdigkeiten in Wien ansehen. Du weißt ja, alte Städte mochte ich schon immer. Ich habe mit der Hofburg angefangen. Sie ist so schön und morgens ist es nicht so voll und dann ...

🗨 Ja? Und dann?

👍 Als ich ein Foto machen wollte, habe ich meinen Namen gehört: „Jutta, bist du das?" Und wer war das? Lola – meine beste Freundin aus der Kindheit.

🗨 Nein, Lola? Das ist doch die Tochter von deinen Nachbarn von früher?

👍 Genau, Lola Sommerer. Wir waren vom Kindergarten bis zum Abitur Freundinnen und haben fast alles zusammen gemacht.

🗨 Und wie lange habt ihr euch nicht gesehen?

👍 Hmm, das erste Jahr im Studium haben wir uns noch manchmal getroffen, aber dann ... Wir waren in verschiedenen Städten ... Also, ich glaube, so circa 10 oder ja, 11 Jahre.

🗨 Ganz schön lange.

👍 Ja, aber als wir uns jetzt getroffen haben, haben wir uns so gefreut! Wir sind gleich in ein Café gegangen, ins *Palmenhaus*. Wunderschön! Weißt du, Lola lebt in Wien und kennt die schönsten Orte. Im *Palmenhaus* haben wir über eine Stunde gesessen und uns unser Leben erzählt. Lola ist geschieden und hat schon einen kleinen Sohn. Es geht ihr gut.

🗨 Und dann? Was habt ihr noch gemacht?

👍 Wir waren den ganzen Tag zusammen. Zuerst hat Lola mir Wien gezeigt. Wir sind durch den Burggarten spaziert und haben uns weiter unterhalten. Dann sind wir zur Staatsoper gegangen. Wien ist so schön, so viele alte Häuser. Ich habe sehr viele Fotos gemacht. Hier, sieh mal!

🗨 Oh schön. Und seid ihr auch shoppen gegangen?

👍 Na ja, wir sind durch die Kärntner Straße gegangen. Das ist die Fußgängerzone in Wien, mit vielen Geschäften. Aber alles war ziemlich teuer. Aber schau: Wie gefällt dir die Bluse? Ich habe sie gekauft, als wir ein süßes kleines Geschäft mit Sonderangeboten gefunden haben. Da gab es tolle Sachen für wenig Geld.

🗨 Sehr schön. Sie steht dir gut.

👍 Dann sind wir zum Dom am Stephansplatz gegangen. Aber ich war sehr müde und Lola hat mich zur U-Bahn gebracht. Im Hotel habe ich dann kurz geschlafen. Aber abends waren wir noch tanzen – bis vier Uhr früh.

🗨 Wow! Lerne ich Lola auch einmal kennen?

👍 Natürlich. Sie will mich bald besuchen kommen. Dann gehen wir zu dritt tanzen.

🗨 Das ist eine gute Idee!

5.2

Als ich vier Jahre alt war, habe ich meine Freundin Emma kennengelernt. Sie war im gleichen Kindergarten. Wir haben immer zusammen gespielt. Als wir in der Schule waren, haben wir immer die Hausaufgaben zusammen gemacht. Sie war sehr gut in Englisch und ich war gut in Deutsch. Wir haben uns immer geholfen. Als ich 14 war, habe ich mich sehr geärgert. Heute weiß ich nicht mehr warum. Aber wir haben dann lange nichts mehr zusammen gemacht. Vor zwei Jahren war ich in Indien im Urlaub. Und wen treffe ich dort? Richtig! Meine Emma. Wir haben uns sofort viel erzählt und sind jetzt wieder viel zusammen. Emma ist jetzt wieder meine beste Freundin.

7.1 + 7.2

🗨 Herzlich Willkommen, liebe Hörerinnen und Hörer. Hier spricht Andreas Winkelbach. Ich skype heute mit Gertrud Winkler.
Frau Winkler, hören Sie mich?

👍 Ja. Sehr gut. Hallo.

🗨 Wenn ich das sagen darf, Sie sind schon ein bisschen älter. Aber Sie haben keine Angst vor dem Computer. Das ist bei meiner Mutter ganz anders und sie ist jünger.

👍 Na ja, das war bei mir am Anfang auch so. Wissen Sie, ich habe mein ganzes Leben in Restaurants gearbeitet. Da gab es keine Computer und ich hatte auch keine Lust auf die viele Technik.

🗨 Warum benutzen Sie das Internet jetzt doch?

👍 Ich habe immer schon gerne Briefe geschrieben. Aber mit der Zeit sind meine Brieffreunde gestorben. Da hatte mein Sohn die Idee, dass ich im Internet neue Freunde suchen kann. Er hat mir am Anfang sehr viel geholfen. Aber heute mache ich fast alles allein. So schwer ist das nicht.

🗨 Und es hat wunderbar funktioniert. Erzählen Sie unseren Zuhörern von Ihrer neuen Freundschaft aus dem Internet.

👍 Na, so neu ist die gar nicht. Eva und ich kennen uns schon seit mehr als neun Jahren!

🗨 Und ist es richtig, dass Sie Eva da Silva noch nie getroffen haben?

👍 Ja, das stimmt. Eva lebt seit 1956 in Salvador de Bahia, im Norden von Brasilien. Das ist zu weit.

🗨 Wie haben Sie sich kennengelernt?

👍 Eva war Lehrerin. Sie hat sich schon immer für Computer interessiert und wollte über das Internet gerne Kontakt zu Deutschen haben. Am Anfang war sie auf verschiedenen Internetseiten, aber da gab es nur junge Leute zum Chatten.

🗨 Bis sie unsere Seite *Lebensabend.de* gefunden hat.

👍 Ja genau, und ich habe auch gerade in diesem Moment gechattet. Als ich gelesen habe, dass Eva aus Brasilien ist, habe ich ihr sofort geschrieben. Wir haben uns gleich sehr gut verstanden.

🗨 Neun Jahre sind eine lange Zeit. Gab es besondere Höhepunkte in dieser Zeit?

⌐ Hmm, ach ja! Ich singe in einem Chor, hier im Wohnheim. Das macht sehr viel Spaß. Einmal haben wir dabei mit Eva geskypt. Das hat ihr sehr gut gefallen und sie hat dann sogar gesungen. Das war toll.

⌐ Ich finde es toll, dass Menschen weltweit unsere Internetseite nutzen. Frau Winkler, ich wünsche Ihnen und Frau da Silva noch viele wunderbare Momente. Herzlichen Dank.

12 Eins – eins – zwei

2.1 + 2.2

Puh, das war ein Tag heute. Ich arbeite in der Notaufnahme und da ist es manchmal ganz schön stressig. Als ich angefangen habe, kam ein kleiner Junge in die Notaufnahme. Er ist vom Fahrrad gefallen und hat sich am Bein verletzt. Er hat sehr stark geblutet und wir mussten ihm gleich helfen. Am Vormittag sind noch drei Patienten gekommen. Sie hatten einen Autounfall und das ganze Team musste schnell reagieren. Als ich beim Mittagessen war, konnte ich leider nicht zu Ende essen. Ein Haus hat gebrannt und der Krankenwagen hat uns eine ganze Familie gebracht. Zum Glück hatten alle fünf keine schlimmen Verletzungen. Das war bei der nächsten Patientin am Nachmittag leider anders. Sie ist gestürzt und hatte eine Kopfverletzung. Sie kam bewusstlos mit dem Krankenwagen. Und als ich eigentlich nach Hause gehen wollte, kam noch ein Patient zu uns: ein junger Mann. Er hat sich in den Finger geschnitten.

So sieht er also aus: ein ganz normaler Tag in der Notaufnahme.

2.4

Notrufzentrale, guten Tag. Sie sprechen mit Herrn Müller. – Bitte bleiben Sie ruhig. Sind Sie telefonisch erreichbar? – Wo sind Sie genau? – Was ist passiert und wie viele Verletzte gibt es? – Hilfe kommt sofort. Bitte legen Sie nicht auf. Wir sind ...

3.4

1. ⌐ Guten Tag, Herr Mierendorf. Was fehlt Ihnen denn?
   ⌐ Seit drei Wochen habe ich so einen Husten. Ich kann gar nicht mehr richtig schlafen.
   ⌐ Haben Sie auch Halsschmerzen?
   ⌐ Nein, eigentlich nicht.
   ⌐ Und Schnupfen? Haben Sie auch Schnupfen?
   ⌐ Nein, ich glaube nicht, dass ich eine Erkältung habe. Ich habe nur diesen Husten.
   ⌐ Na, dann wollen wir mal schauen. Öffnen Sie bitte den Mund ...
2. ⌐ Krüger, guten Tag.
   ⌐ Guten Tag, hier ist Dr. Wolke. Es geht um Ihren Termin.
   ⌐ Ach ja. Ich soll am Montag um 10 Uhr kommen.

⌐ Tja, es tut mir leid, aber ich muss unseren Termin verschieben. Könnten Sie auch am Donnerstag um 10 Uhr kommen?
⌐ Oh nein, da habe ich einen anderen Termin. Aber ich habe am Nachmittag Zeit. Geht das auch?
⌐ Ja, das geht. Kommen Sie doch bitte um 14:30 Uhr.
⌐ Am Donnerstag um halb drei. Kein Problem. Bis dann.
⌐ Vielen Dank. Auf Wiederhören, Frau Krüger.
3. ⌐ So, jetzt habe ich alles. Ihre Gesundheitskarte bitte noch.
   ⌐ Die habe ich Ihnen doch schon gezeigt.
   ⌐ Ach ja, natürlich. Entschuldigung. Sie müssen das Formular nur noch unterschreiben, dann sind wir fertig.
   ⌐ Wo? Hier unten?
   ⌐ Nein, dort unterschreibt die Ärztin. Hier bitte.
4. ⌐ Hallo, Irene, ist der Kaffee fertig?
   ⌐ Ah, hallo. Ja, fast. Oh, wie siehst du denn aus? Geht es dir nicht gut?
   ⌐ Ich habe starke Kopfschmerzen. Vielleicht hilft der Kaffee.
   ⌐ Möchtest du eine Tablette? Ich habe Schmerztabletten in meinem Büro.
   ⌐ Ach, ich habe schon zwei genommen. Aber es wird nicht besser.
   ⌐ Dann geh am besten nach Hause und geh ins Bett. Manchmal hilft nur noch das.
   ⌐ Ja, ich glaube, ich mache das. Ich kann kaum denken.

4.4

Alle wollen etwas von mir: Meine Mutter sagt, dass ich mehr in der Küche helfen sollte. Mein Vater sagt, ich sollte endlich Fahrrad fahren lernen. Meine Oma sagt, dass ich mehr Gemüse essen sollte. Iiih! Meine Freunde finden, wir sollten die Lehrer ärgern. Aber ich mag meine Lehrer eigentlich ganz gern. Sie sagen auch immer, dass ich mehr lernen sollte. Meine Schwestern meinen, ich sollte die Hausaufgaben machen. Aber ich finde, ich sollte viel mehr spielen.

6.1 + 6.2

⌐ Guten Tag, liebe Hörerinnen und Hörer. Gestern haben wir Ihnen in unserer Sendung die Clowndoctors vorgestellt. Heute haben wir Frau und Herrn Sakowski im Studio. Ihre Tochter war ein halbes Jahr im Krankenhaus und hatte oft Besuch von den Clowndoctors.
Frau Sakowski, ein halbes Jahr? Das ist eine lange Zeit.
⌐ Ja, das ist richtig. Unsere kleine Lili – sie ist jetzt acht Jahre alt – war vor zwei Jahren leider sehr krank. Das war eine schwere Zeit, aber heute ist alles wieder gut.
⌐ Konnten die Clowndoctors Ihrer Tochter helfen?

🗨 Auf jeden Fall. Lili musste starke Medikamente nehmen und dann war sie immer sehr müde. Aber wenn die Clowns nachmittags da waren, hatte sie immer ein Lächeln im Gesicht. Nach dem Besuch konnte sie dann abends immer ganz ruhig schlafen.

🗨 Wie oft hatte Lili Besuch? Waren es immer die gleichen Clowns?

🗨 Ach, das war ganz unterschiedlich. Am Anfang nicht so oft. Aber in der schlimmsten Zeit sind die Clowndoctors sehr häufig gekommen. In einer Woche sogar jeden Tag. Meistens waren Chris und Charlotte bei Lili. Aber nicht immer, manchmal sind auch andere Clowns gekommen.

🗨 Waren Sie auch im Zimmer, wenn die Clowns kamen?

🗨 Nicht immer, aber oft. Dann mussten wir auch mitmachen. Das war auch gut für uns. Wir haben viel gelacht.

🗨 Was genau haben die Clowns getan?

🗨 Nun, Chris und Charlotte konnten sehr gut jonglieren. Sie haben im Zimmer von Lili richtige Shows gemacht, mit vielen lustigen Fehlern. Dann sind die Bälle durch das ganze Zimmer geflogen und wir mussten alle lachen. Aber am wichtigsten war vielleicht, dass Lili immer wieder mit einem kleinen Spielzeughund gesprochen hat. Die Clowndoctors haben ihm Leben und Stimme gegeben und Lili hat ihm – und nur ihm – erzählt, wenn sie Angst hatte. Das war sehr wichtig für sie und für uns.

🗨 Herr und Frau Sakowski, vielen Dank für Ihren Besuch bei uns im Studio.
Liebe Hörerinnen und Hörer, ich glaube, wir haben alle verstanden, dass die Clowndoctors eine tolle Sache sind. Wenn Sie auch helfen wollen, dann ...

13 Hat es geschmeckt?

3.4

Das neue Café *Leckerbissen* liegt direkt in der Altstadt. Dort gibt es aromatische vegetarische Suppen und selbst gemachtes Brot aus frischen Zutaten. Das ist perfekt für ein leichtes Essen. Wenn Sie Mittag essen wollen, gibt es auch einige scharfe oder milde Gerichte mit vielen Gewürzen. Wenn man etwas Süßes als Nachtisch möchte, empfehle ich den Schokoladenkuchen. Das Café ist klein und gemütlich und die Preise sind ziemlich günstig: vier Euro für Kaffee und Kuchen oder ein Hauptgericht für sechs Euro.

5.1

1. Welcher Tee schmeckt Ihnen am besten?
2. Welche Torte schmeckt Ihnen am besten?
3. Welches Eis schmeckt Ihnen am besten?

5.2

1. Welchen Tee möchten Sie?
2. Welche Torte möchten Sie?
3. Welches Eis möchten Sie?

5.4

1. Darf ich Ihnen etwas zu trinken bringen?
2. Haben Sie schon gewählt?
3. Möchten Sie eine Beilage dazu?
4. Hat es Ihnen geschmeckt?
5. Ist etwas nicht in Ordnung?

6.1 + 6.2

🗨 Haben Sie schon gewählt?

🗨 Ähh, nein, noch nicht. Ich habe ein paar Fragen. Ich kenne nicht alle Gerichte auf der Speisekarte.

🗨 Ich helfe Ihnen gern. Welche Gerichte kennen Sie nicht? Ich kann sie Ihnen erklären.

🗨 Also, zum Beispiel dieses Gericht hier ... Gemüsewähe.

🗨 Wähe ist hier in der Schweiz der Name für einen dünnen Kuchen. Der Kuchen kann ein Hauptgericht mit Gemüse und Fleisch sein oder er kann ein Nachtisch mit Obst sein. Unsere Wähe ist ein besonderer Gemüsekuchen aus Kartoffeln, Äpfeln und Käse.

🗨 Und ist er vegetarisch? Ich esse kein Fleisch.

🗨 Ich bin fast sicher, dass der Gemüsekuchen vegetarisch ist, aber ich frage gleich in der Küche.

🗨 Danke.

🗨 Haben Sie noch eine Frage?

🗨 Ja. Was ist Egli mit Pommes frites und Salat?

🗨 Oh, Egli. Das ist ein Fisch.

🗨 Ah, Fisch! Das ist dann leider nichts für mich. Schade.

🗨 Ein typisches Gericht, das Sie auch ohne Fleisch bestellen können, ist zum Beispiel Polenta mit Gemüse.

🗨 Ach ja, Polenta. Eine Polenta ist aus Mais.

🗨 Ja, richtig. Polenta ist ein fester Brei aus Mais. Das Gericht ist auch in Norditalien und Spanien sehr beliebt.

🗨 Aha, richtig international. Und was gibt es für traditionelle Nachspeisen hier in der Schweiz?

🗨 Oh, da gibt es viele! Ich empfehle Ihnen die Zuger Kirschtorte. Oder Nidelfladen: Das ist ein süßer Kuchen mit Sahne. Aber wir haben auch Nusstorte mit Schokolade. Möchten Sie noch etwas wissen?

🗨 Nein, danke. Das war alles.

🗨 Ich frage in der Küche nach der Wähe, dann komme ich sofort wieder.

🗨 Danke.

Und in Ihrer Sprache?

Ich kann die Suppe empfehlen. Diese ist eine Tomatensuppe, mit etwas Sahne, bio natürlich! Als Hauptgericht empfehle ich den Fisch. Er ist heute sehr gut: Die Forelle ist ganz frisch vom Markt. Dazu gibt es grüne Bohnen und Kartoffelpüree. Wenn Sie lieber etwas Vegetarisches möchten, ist der Reis mit Gemüse und scharfen Gewürzen sehr gut. Zum Nachtisch empfehle ich die Nusstorte mit Eis oder Sahne – sehr lecker!

14 Einkaufswelt

2.2 + 2.3

🗨 Hast du den Artikel von Herrn Schuster in der Zeitung gelesen, Angelika?

👍 Ja, klar. Den finde ich auch echt gut. Ich finde, Herr Schuster hat Recht. Er hat das gut beobachtet. Ich gehe selbst nicht so gerne shoppen, aber ich kenne das von meinen Freundinnen Sara und Melize. Die beiden lieben shoppen. Manchmal gehen sie den ganzen Samstag in der Stadt von Geschäft zu Geschäft. Sie brauchen nichts, aber sie kaufen fast immer etwas. Zum Beispiel ein Paar super teure Schuhe, weil sie die so schick finden. Ihre Ehepartner kommen natürlich nicht mit. Die finden shoppen blöd. Also genau so, wie Herr Schuster das beobachtet hat. Wie findest du denn den Artikel?

🗨 Ich weiß nicht. Ich sehe das anders. Meiner Meinung nach gibt es keine Unterschiede zwischen Männern und Frauen. Bei deinen beiden Freundinnen und ihren Männern ist das vielleicht so. Aber ich gehe am Wochenende auch gerne in ein Einkaufszentrum. Meine Freundin hat aber meistens keine Lust. Sie bleibt lieber zu Hause und kauft im Internet ein. Ich finde das langweilig. Ich gehe gerne mit Freunden zusammen in die verschiedenen Geschäfte und manchmal kaufe ich auch etwas. Herr Schuster hat ein paar Leute gesehen und vielleicht geht er selbst auch nicht gern shoppen. Aber ich finde es falsch, wenn man sagt, dass nur Frauen Shopper sind.

👍 Hmm, ja, okay. Vielleicht hast du Recht, aber findest du nicht …

4.1

1. Der Winter geht, der Frühling kommt. Noch bis zum 31. Januar finden Sie im *Kinderland* Sonderangebote für unsere Kleinen: Mützen, Pullover, Winterjacken und Winterschuhe. Alle Winterkleidung zum halben Preis. Und natürlich haben wir auch schon die aktuelle Frühlingsmode: Hosen, Kleider, T-Shirts und Schuhe in allen Farben. Ab Februar gibt es im *Kinderland* wieder unseren großen Spielzeug-Markt. Ein großes Angebot an Kinderspielzeug besonders günstig. Für Kinderkleidung und Spielzeug: Besuchen Sie das *Kinderland*.

2. Liebe Kundinnen und Kunden. Wir möchten Sie informieren, dass unser Geschäft in wenigen Minuten schließt. Bitte beenden Sie Ihren Einkauf und gehen Sie zu den Kassen. Die Kassen 7 bis 14 haben für Sie geöffnet. Morgen können Sie uns wieder von 9 bis 20 Uhr besuchen. Vielen Dank für Ihren Einkauf und einen schönen Abend.

3. Liebe Kunden und Kundinnen, machen Sie doch eine Einkaufspause und kommen Sie in unser Café-Restaurant *Panorama*! Heute wie jedes Wochenende wieder mit Spezialitäten aus Österreich: Gulasch, Wiener Schnitzel oder Palatschinke und viele Kaffee- und Kuchenspezialitäten. Unser Restaurant hat für Sie geöffnet, von Montag bis Samstag, immer von 8 bis 22 Uhr.

4. Aktuelle Mode für den Herrn! Kommen Sie in den 3. Stock. Heute Sonderangebote für Freizeitkleidung: bequeme Jacketts, modische Hemden und praktische Hosen, zum Beispiel ein Jackett von *Luca* nur 169 Euro. Und auch im Angebot: schwarze Socken – fünf Paar – nur 13,90 Euro. Die passen zu allen eleganten Herrenschuhen.
Außerdem heute großer Aktionstag in der *Sportwelt*: Alles für den Jogger. Probieren Sie unsere neuen Modelle. Schuhe perfekt zum Laufen – nur heute im Sonderangebot. Und das Beste: Ein Sportexperte berät Sie persönlich.

5. Liebe Kundinnen und Kunden, im ersten Stock haben wir heute eine besondere Ausstellung: Kosmetik, Cremes und Parfüms für die Dame und den Herrn zu kleinen Preisen. Unsere Experten beraten Sie gerne. Kommen Sie in den ersten Stock, gleich neben dem Aufzug rechts. Sie finden hier auch tolle Sonderangebote: zum Beispiel verschiedene Sonnencremes für nur 5,90 Euro oder Bio-Seife, vier Stück nur 3,99 Euro.

4.2

Ich kenne ein tolles Einkaufszentrum, das ich immer wieder gerne besuche: Das *Mira* in München. Ich habe dort viele Lieblingsgeschäfte. Ich liebe shoppen und ich kaufe gerne Kleidung, Kosmetik, Taschen und Uhren, manchmal auch Möbel oder Spielzeug für die Kinder von meiner Schwester. Für mich ist wichtig, dass es in einem Einkaufszentrum auch gute Cafés und Restaurants gibt, weil ich gerne kleine Pausen mache und die Leute beobachte.

4.5

Der Elektromarkt ist im 1. Stock, links neben der Bäckerei. Ich brauche auch noch ein Geschenk für Anna. Kennst du hier eine englische Buchhandlung? – Wir könnten erst zum Elektromarkt und dann in die Buchhandlung gehen. – Gute Idee.

6.1

🗨 Guten Tag, liebe Hörerinnen und Hörer, herzlich willkommen zu unserer Sendung *Menschen unterwegs*. Mein Name ist Sevilay Korkmaz. Unser Thema: Einkaufsstraßen. Dort sind jeden Tag viele Menschen unterwegs und wir haben einmal gefragt: Was machen Sie gerade? Heute ist Dennis Altmeier für uns in der Drosselgasse in Rüdesheim. Hallo, Dennis, wie sieht es dort aus?

👍 Ja, hallo, Sevilay. Ich stehe gerade in der Drosselgasse. Es ist ein Uhr mittags und die Straße ist voll mit Menschen. Hinter mir ist ein Tanzlokal mit Live-Musik, links ein Restaurant mit deutschen Spezialitäten. Und rechts in der Straße sind viele

Geschäfte mit Kuckucksuhren, Dirndln und vielen Souvenirs. Wer sind die Leute, die hier einkaufen? Neben mir steht Angela Marquardt. Frau Marquard, was kaufen Sie hier in der Drosselgasse?

Ich kaufe gar nichts. Ich wohne in Mainz und habe gerade Besuch von Freunden aus China. Sie wollen die Stadt besichtigen. Heute Morgen waren wir in Mainz, jetzt sind wir hier nach Rüdesheim in die Drosselgasse gekommen.

Und was machen Sie hier? Gehen Sie tanzen?

Nein, tanzen wollen wir nicht. Wir haben nicht so viel Zeit. Meine Freunde wollten unbedingt eine Kuckucksuhr für ihren Sohn kaufen. Das haben wir gerade gemacht. Und jetzt gehen wir essen. Danach fahren wir weiter nach Köln.

Dann wünsche ich Ihnen viel Spaß!

Danke.

Und jetzt zurück ins Studio zu Sevilay Korkmaz.

Danke, Dennis, das waren interessante Informationen aus der Drosselgasse.
Weiter geht es nach Düsseldorf zu Paul Heimann auf der Königsallee. Paul, wie sieht es bei dir aus?

Hallo, Sevilay, hier auf der Königsallee ist auch schon viel los. Viele Menschen – alle sehr schick und elegant angezogen – gehen hier gemütlich von einer Boutique zur nächsten, von Geschäft zu Geschäft oder sitzen in einem Café. Neben mir steht Kathrin Düver. Frau Düver, Sie sind Studentin. Was machen Sie hier auf der Kö?

Na ja, als Studentin habe ich natürlich nicht so viel Geld. Deshalb kann ich hier nicht einkaufen. Aber ich studiere Modedesign und in meiner Freizeit setze ich mich gerne hier auf der Kö auf eine Bank oder manchmal auch in ein Café und sehe mir die vielen Leute an. Heute ist es besonders interessant, weil es später in dem Geschäft dort vorne eine Präsentation der neuen Wintermode aus Paris gibt. Deshalb kommen so viele interessante Leute aus der ganzen Welt und spazieren hier auf der Straße. Und natürlich alle sehr elegant! Das finde ich spannend.

Vielen Dank, Frau Düver und jetzt zurück zu ...

Und in Ihrer Sprache?

Das Kaufhaus am Rhein heißt Sie herzlich willkommen. Für den heutigen langen Samstag haben wir ein besonderes Angebot für Sie: Probieren Sie eine der 50 verschiedenen Teesorten aus der ganzen Welt. Unser Café bietet heute für jeden eine kostenlose Tasse Tee. Kommen Sie in den dritten Stock links neben dem Aufzug und wählen Sie eine Teespezialität aus unserem breiten Angebot, zum Beispiel aus China, Korea, Japan, Indien oder Kenia. Natürlich können Sie auch ein Stück Kuchen an unserem Kuchenbuffet dazu bestellen.

2.1

1. Hallo, Imke, hier ist Anne. Sag mal, wollen wir uns heute nicht mal wieder treffen?

   Oh, hallo, Anne. Ja, gerne. Ich muss aber heute einkaufen. Wir können uns vielleicht im Einkaufszentrum treffen. Weißt du, wo ein nettes Café ist?

   Ja, klar, es gibt zwei Cafés im Einkaufszentrum: Ein Café ist im Erdgeschoss, aber das hat keinen guten Kaffee. Das andere Café ist im 1. Stock. Der Kaffee dort ist super.

   Im 1. Stock, okay! Und wo da?

   Wenn du die Treppe nimmst, auf der rechten Seite, da ist eine Damen-Boutique und dann das Café.

   Okay, so um halb fünf?

   Ja, prima, das passt. Bis dann!

2. Entschuldigung, können Sie mir sagen, wo ich hier Batterien kaufen kann?

   Batterien? Hmm, hier im Erdgeschoss ist nichts. Aber im 1. Stock gibt es einen Elektromarkt. Dort bekommen Sie bestimmt Batterien. Direkt gegenüber von der Treppe, zwischen dem Spielzeuggeschäft und dem Schuhgeschäft. Den sehen Sie sofort.

   Vielen Dank.

3. Entschuldigung, wir suchen die Toiletten. Können Sie uns helfen?

   Im ersten Stock sind Toiletten.

   Ja, das stimmt, aber hier im Erdgeschoss sind auch Toiletten. Das geht schneller. Sehen Sie da hinten die Bäckerei? Rechts neben der Bäckerei sind Toiletten.

   Danke.

   Mama, schnell.

4. Ich brauche neue Schuhe. Schuhe, die zu meinem neuen Kleid passen.

   Also, ich weiß ein gutes Schuhgeschäft für dich. Die haben immer tolle Angebote, super günstig.

   Meinst du das Schuhgeschäft im Einkaufszentrum?

   Ja, aber nicht das im ersten Stock. Das Geschäft, das ich meine, ist gleich im Erdgeschoss. Geradeaus ist ein Supermarkt und neben dem Supermarkt ist eine kleine Boutique, mit tollen Schuhen. Da findest du bestimmt etwas Elegantes.

   Rechts oder links neben dem Supermarkt?

   Rechts.

   Danke dir!

15 Partylaune

2.1 + 2.2

1. Hallo, Martin. Hier spricht Thilo. Danke für deine Einladung. Über die habe ich mich sehr gefreut. Leider kann ich nicht kommen. Meine Mutter feiert am Samstag ihren 70. Geburtstag. Wir sind von Freitag bis Sonntag bei ihr in Hamburg. Hoffentlich sehen wir uns bald mal wieder. Liebe Grüße, auch an Marion. Tschüss!
2. Hi, Nina. Hier ist Meike. Du, das ist jetzt vielleicht ein bisschen spät, aber ich probiere es einfach. Ich möchte am Sonntag meinen Geburtstag feiern. Kommst du? Es gibt um 11 Uhr ein leckeres Frühstück bei uns im Garten. Ich freue mich auf dich. Liebe Grüße!
3. Hallo, Simon. Ich habe mich sehr über deine Einladung gefreut. Schön, dass du mir geschrieben hast. Ich feiere gern mit dir. Ich bin pünktlich da, wenn die Party um acht Uhr beginnt. Und ich bringe einen Salat mit. Bis Samstagabend!

2.5

1. 🗩 Was feiert ihr denn?
   🖒 Ich habe Geburtstag.
2. 🗩 Hallo, Mona! Hier ist Felix.
   🖒 Hi, Felix. Schön, dass du anrufst. Wie geht es dir?
   🗩 Danke, gut. Du, ich möchte dich gern zu meinem Geburtstag einladen.
3. 🗩 Tom Meise.
   🖒 Hallo, Tom. Hier ist Sandra. Heute ist deine Karte angekommen! Das war aber eine schöne Überraschung für uns.
   🗩 Oh, gut!
4. 🗩 Sag mal, Simon, kommst du am Freitagabend? Ich feiere meinen Geburtstag mit ein paar Freunden.
   🖒 Oh, danke für die Einladung. Aber am Freitag kann ich leider nicht.

2.6

Hallo, schön, dass du anrufst! – Gern! Kommst du denn? – Warum denn nicht? – Oh, das ist schade. – Vielen Dank.

4.2 + 4.3

🗩 Puh, wir haben noch viel Arbeit für die Party am Samstag.
🖒 Ja. Glaubst du wirklich, dass Felix nichts gemerkt hat?
🗩 Nein, ich glaube, das wird wirklich eine Überraschung. Ich habe gesagt, wir gehen zusammen ins Kino. Er freut sich auf einen ruhigen Abend.
🖒 Okay, was müssen wir noch machen? Hast du die Liste?
🗩 Ja. Also, ich lese mal vor: Raum reservieren, DJ buchen, Anlage mieten, Einladungen abschicken. Das ist alles fertig!
🖒 Super. Und was fehlt noch?
🗩 Hier steht noch: Getränke bestellen, Geschirr und Besteck leihen, Essen organisieren, dekorieren.
🖒 Geschirr und Besteck habe ich gestern bestellt.
🗩 Toll, danke.
🖒 Okay, wir können erst am Samstag dekorieren. Was soll ich dafür einkaufen?
🗩 Hmm, vielleicht Blumen für die Tische?
🖒 Gut. Und was machen wir mit dem Essen?
🗩 Wir können am Samstag einfach Pizza bestellen.
🖒 Ja, das ist eine gute Idee. Und was für Getränke brauchen wir?
🗩 Wasser, Cola, Bier und Sekt?
🖒 Keinen Wein? Hmm, also ich finde ...

5.8

Es gibt einen Tag im Jahr, an dem ich immer ein Gartenfest mache. Das ist mein Geburtstag. Ich lade alle Menschen ein, mit denen ich gern etwas in meiner Freizeit mache und mit denen ich mich wohlfühle. Ich buche auch immer einen DJ, denn ohne Musik ist es schrecklich öde. Mein Geburtstag ist keine Party, zu der man kommen muss. Wenn manche Freunde keine Lust haben, dann können sie natürlich zu Hause bleiben. Das ist kein Problem.

6.2 + 6.3

🗩 Hallo, liebe Zuhörerinnen und Zuhörer. Herzlich willkommen an diesem Sonntagnachmittag zu unserer Sendung *Stuttgart traut sich*. Wir senden live von der Hochzeitsmesse, die in diesem Jahr am Samstag und Sonntag in Stuttgart stattfindet. Barbara Hülsen ist vor Ort unterwegs und fragt junge Paare: Wie möchten Sie Ihre Hochzeit feiern? Hallo, Barbara!
🖒 Hallo, Martin! Ja, ich stehe hier auf der Messe und neben mir sind Ute Kleist und Ralf Heller. Sie sind seit vier Jahren zusammen und möchten im Sommer heiraten.
Ute, du hast mir gesagt, dass ihr heute hier seid, weil ihr Ideen für eure Hochzeit sammelt. Wie soll eure Hochzeit aussehen?
🖒 Wir hatten großes Glück und haben für das Standesamt noch einen Termin im Alten Rathaus bekommen. Und nach dem Standesamt möchten wir mit vielen Freunden und der ganzen Familie feiern. Das ist sehr wichtig für uns. Wir planen eine große Grillparty im Garten von meinen Eltern.
🖒 Heiratet ihr ganz traditionell, also du als Braut in einem weißen Kleid? Das ist doch eine tolle Sache.
🖒 Oh nein! Wir haben nicht so viel Geld. Deshalb finde ich es wichtig, dass ich das Kleid auch nach der Hochzeit noch anziehen kann. Ich möchte in Rot heiraten.
🖒 Oh, schön. Dann wünsche ich euch viel Spaß auf der Messe und spannende Ideen.
🖒 Danke!

Vielleicht haben Sie, liebe Hörerinnen und Hörer, gedacht, dass Heiraten altmodisch ist. Das ist falsch! Ich habe heute mit vielen jungen Menschen gesprochen. Die meisten möchten gern heiraten. So zum Beispiel auch unser nächstes junges Paar, Sonja Thiele und Tom Lanke.
Tom, plant ihr eure Hochzeit auch schon?

Ja, wir wollen in diesem Jahr heiraten. Wir fahren in den Sommerferien nach Hawaii und heiraten dort. Zu zweit.

Oh, wie romantisch! Sind eure Freunde und Eltern dann nicht sauer?

Unsere Eltern finden das nicht so toll. Sie möchten natürlich lieber, dass wir zu Hause heiraten und mit ihnen feiern. Aber die Hochzeit auf Hawaii ist schon lange unser Traum. Und es ist unser Tag, da entscheiden wir allein.

Also wird es bei euch eine Hochzeit in Badehose und Bikini?

Wir wissen noch nicht, was wir anziehen. Das ist uns auch nicht so wichtig. Wichtig ist, dass wir zusammen sind. Nur wir zwei. Aber vielleicht machen wir noch eine Party, wenn wir wieder zu Hause sind.

Dann gute Reise, ihr beiden! Ich habe heute auch mit ...

16 Kulturwelten

1.5 + 1.6

1. Unser Tipp für das Wochenende: In Dortmund findet auch in diesem Jahr wieder das Straßenkunst-Festival statt. Aber es ist umgezogen und ist jetzt in der Altstadt und nicht mehr auf der Messe. Künstlerinnen und Künstler aus ganz Deutschland und vielen Nationen kommen nach Dortmund.
Sie, liebe Zuhörerinnen und Zuhörer, können Musik hören, Zirkusartistik und Akrobatik erleben und sogar selber jonglieren lernen. Das Festival beginnt am Samstagmorgen um 9 Uhr und es endet am Sonntagabend um 21 Uhr mit einem Konzert vor der Stadtkirche. Festival-Tickets für 10 Euro gibt es auch am Bahnhof.

2. Hallo, Tina. Anne hier. Du, am Freitagabend gehe ich mit Sophie zu einem Blues-Konzert. Willst du mitkommen? Der Sänger ist Bobby Jones aus Chicago, er ist ganz toll. Wir treffen uns um 19 Uhr vor der Konzerthalle. Das Konzert beginnt um Acht. Ich kann ein Ticket für dich online kaufen, der Eintritt kostet 18 Euro. Wenn du Lust hast, schreib mir oder ruf mich kurz an. Tschüssi!

3. Liebe Festivalbesucherinnen und -besucher! Achtung: Der Samba-Umzug am Sonntag beginnt nicht um 16 Uhr. Es geht eine Stunde früher los, also um 15 Uhr, aber vor dem Bahnhof, nicht vor der Kirche! Wir bitten um Entschuldigung. Alle Künstlerinnen und Künstler, die am Umzug teilnehmen, sollen pünktlich um 14:45 Uhr am Bahnhof sein. Danke!

4. Jetzt zum Wetter für das Wochenende. Hier im Ruhrgebiet ist es leider nicht so gut. Am Samstagvormittag gibt es starken Wind bei maximal dreizehn Grad und am Nachmittag gibt es Regen. Der Sonntag sieht aber besser aus: Der Sonntagmorgen beginnt mit vielen Wolken, aber ohne Regen. Nachmittags wird auch die Sonne scheinen.

3.4

Ich höre sehr gern Live-Musik, deshalb habe ich mich sehr auf die „Blues und Folk-Tage" gefreut. Das Open-Air-Festival findet jedes Jahr im Juli statt. Der Eintritt ist sehr günstig: nur 29 Euro für zwei Tage. Die Musikerinnen und Musiker treten kostenlos auf. Viele Bands kommen aus der Region, aber es gibt auch internationale Künstler. Meine Lieblingsband dieses Jahr war *Querschläger*: Das ist eine österreichische Band, die auch in Deutschland bekannt ist. Das Festival war sehr schön. Alle Zuschauer hatten gute Laune und die Musik war toll. Nur über das schlechte Wetter habe ich mich geärgert – es war kalt und nass.

4.4 + 4.5

1. Ich freue mich auf das Wochenende.
   Wie bitte? Worauf freust du dich?
   Auf das Wochenende.
2. Ich freue mich über das schöne Fest. – Über das schöne Fest.
3. Ich denke an die Prüfung. – An die Prüfung.
4. Ich ärgere mich über das schlechte Wetter. – Über das schlechte Wetter.
5. Ich träume von einem neuen Auto. – Von einem neuen Auto.
6. Ich interessiere mich für Kunst und Kultur. – Für Kunst und Kultur .
7. Ich warte auf den Zug nach Hause. – Auf den Zug nach Hause.
8. Ich informiere mich über das neue Smartphone. – Über das neue Smartphone.

5.2

Hören Sie gern Musik? – Wer ist Ihre Lieblingssängerin oder Ihr Lieblingssänger? – Würden Sie gern ein Festival besuchen? – Spielen Sie selbst ein Instrument?

Und in Ihrer Sprache?

Kommen Sie zum Stadtfest in Neustadt vom 28. bis 30. Mai. Es gibt drei Bühnen, über 30 Bands und auch viele andere Vorstellungen in der ganzen Stadtmitte. Am Freitagabend um 18 Uhr beginnt der große Umzug. Der Eintritt zum Stadtfest ist kostenlos. Straßenkünstler jonglieren, es gibt Musik und Akrobatik. Dazu kann man leckere Spezialitäten aus der Region probieren und das große Bierzelt im Stadtpark besuchen. Das Programm können Sie am Bahnhof, an der Touristen-information oder online auf unserer Webseite bekommen.

Bildquellen

Cover: Schapowalow/SIME/Gabriele Croppi – **alle Papierzettel:** Shutterstock/Picsfive – **S.84:** Fotolia/yayoicho – **S.85:** *oben* Shutterstock/Teguh Mujiono; *1* Fotolia/WavebreakmediaMicro; *2* Fotolia/racamani; *3* Fotolia/Fischer Food Design; *4* Fotolia/Kruwt – **S.87:** *1* Fotolia/lenets_tan; *2* Fotolia/David Freigner; *3* Fotolia/Kzenon; *4* Fotolia/Andrey Popov; *5* Fotolia/Antonioguillem – **S.88:** *Icons* Shutterstock/chudo-yudo; *unten* Fotolia/contrastwerkstatt – **S.91:** Fotolia/Kzenon – **S.92:** *Hintergrund 1, 3* Fotolia/arsdigital; *Hintergrund 2* Fotolia/novro; *Hintergrund 4* Fotolia/Photographee.eu – **S.94:** *oben* Fotolia/goodluz; *unten* Fotolia/vectorfusionart – **S.96:** Fotolia/goodluz – **S.97:** *Tablet* Fotolia/sdecoret; *a* Fotolia/Alex White; *b, c, d* Fotolia/Nataliya Yakovleva; *e* Fotolia/teracreonte; *f* Fotolia/teracreonte – **S.98:** *oben* Cornelsen/Klein&Halm GbR; *Mitte* Fotolia/leungchopan; *unten* Fotolia/sdecoret – **S.99:** *1* Shutterstock/-Albachiaraa-; *2* Fotolia/dimakp; *3* Fotolia/adempercem; *4* Fotolia/juliko77; *5* Fotolia/Nataly-Nete; *Kamera* Fotolia/stockphoto-graf; *Sehenswürdigkeit* Fotolia/pure-life-pictures; *Brille* Shutterstock/Webspark; *Bücher* Fotolia/burnhead; *Stift* Shutterstock/Nordroden; *Postkarte* Fotolia/celeste clochard – **S.100:** *beide* Shutterstock/wavebreakmedia – **S.101:** *links* Fotolia/Denis Prikhodov; *2. von links* Fotolia/Thomas Söllner; *Mitte* Shutterstock/Georgejmclittle; *2. von rechts* Shutterstock/Oberon; *rechts* Fotolia/littlestocker – **S.102:** *Smileys* Fotolia/Trueffelpix – **S.104:** *1* Fotolia/drubig-photo; *2* Shutterstock/lassedesignen; *3* Shutterstock/Little Perfect Stock; *4* Fotolia/Sonja Calovini – **S.105:** *oben* Fotolia/Kim Schneider; *unten links* Fotolia/chrisberic; *unten Mitte* Fotolia/lanzeppelin; *unten rechts* Fotolia/F.C.G. – **S.106:** *oben* Shutterstock/wessley; *unten* Fotolia/Oliver Hauptstock – **S.107:** Shutterstock/Vlad Teodor – **S.108:** *Internetseite* Shutterstock/wessley; *oben* Shutterstock/IVASHstudio – **S.109:** *1* Fotolia/Boca; *2* Fotolia/pitels; *3* Fotolia/Kara; *4* Fotolia/alexbrylovhk; *5* Shutterstock/VGstockstudio – **S.111:** *Internetseite* Shutterstock/wessley; *oben* Fotolia/Hunor Kristo; *unten* Fotolia/Ingo Bartussek – **S.114:** *a* Shutterstock/Marcos Mesa Sam Wordley; *b* Fotolia/Thaut Images; *c* Fotolia/Henry Czauderna; *d* Fotolia/Miriam Dörr; *e* Fotolia/animaflora – **S.117:** *1* Fotolia/Dirima; *2* Fotolia/drubig-photo; *3* Fotolia/nikodash; *4* Fotolia/Syda Productions; *5* Shutterstock/Marcos Mesa Sam Wordley; *6* Fotolia/eggeeggjiew – **S.119:** *oben* Shutterstock/Nadin3d; *Mitte* Fotolia/drubig-photo; *unten* Fotolia/Picture-Factory – **S.120:** *Internetseite* Shutterstock/wessley; *oben* Fotolia/Jeannette Dietl – **S.122:** *1* Colourbox; *2* Fotolia/Miriam Dörr; *3* Fotolia/Thaut Images; *4* Shutterstock/Marcos Mesa Sam Wordley; *5* Fotolia/animaflora; *6* Shutterstock/Mike Focus; *Hintergrund unten* Fotolia/rilueda – **S.124:** Fotolia/michael spring – **S.125:** *Chips* Fotolia/volff; *Salat* Fotolia/gavran333; *Zucker* Fotolia/BillionPhotos.com; *Zitronen* Fotolia/alexlukin; *Peperoni* Fotolia/Egor Rodynchenko; *Kaffeebohnen* Fotolia/Natalja Stotika; *rechts* Fotolia/Fotos 593 – **S.126:** *a* Shutterstock/yyang; *b* Shutterstock/Daiquiri; *c* Shutterstock/PureSolution – **S.128:** Shutterstock/Babich Alexander – **S.129:** Fotolia/konstantant – **S.130:** *1* Fotolia/Minerva Studio; *2* Fotolia/WavebreakMediaMicro; *3* Fotolia/EastWest Imaging – **S.131:** *1* Fotolia/M.studio; *2* Fotolia/Daorson; *3* Fotolia/photocrew; *4* Fotolia/inats: *Hintergrund* Fotolia/Konstanze Gruber – **S.132:** Fotolia/ivolodina – **S.134:** Fotolia/zhu difeng – **S.135:** *beide* Fotolia/olly – **S.136:** *1* Fotolia/Syda Productions; *2* Fotolia/Robert Kneschke; *3* Shutterstock/IAKOBCHUK VIACHESLAV; *4* Fotolia/industrieblick; *5* Fotolia/WavebreakMediaMicro; *6* Fotolia/Andrey Popov – **S.140:** *links* Fotolia/zhu difeng; *2. von links* Fotolia/mavoimages; *Mitte* Fotolia/Ruslan Gilmanshin; *2. von rechts* Fotolia/Ivan Kruk; *rechts* Fotolia/xy – **S.141:** *1* Fotolia/alphaspirit; *2, 3* Fotolia/olly – **S.142:** Shutterstock/InnaFelker – **S.144:** *a* Fotolia/EvgeniyQW; *b* Fotolia/pressmaster; *c* Fotolia/Rawpixel.com; *d* Fotolia/contrastwerkstatt; *e* Fotolia/elnariz; *f* Fotolia/Christian Schwier; *unten* Fotolia/Picture-Factory – **S.145:** *links* Fotolia/yossarian6; *rechts* Shutterstock/POM POM – **S.146:** Fotolia/yossarian6 – **S.147:** *a* Fotolia/Svyatoslav Lypynskyy; *b* Fotolia/Nebojsa Bobic; *c* Fotolia/pressmaster; *d* Fotolia/iko; *e* Fotolia/Kzenon; *f* Fotolia/Syda Productions – **S.148:** Fotolia/farbkombinat – **S.149:** Shutterstock/Leremy – **S.150:** Fotolia/Firma V – **S.151:** *oben* Fotolia/manu; *unten* Fotolia/yossarian6 – **S.152:** *1* Clip Dealer/Wavebreak Media LTD; *2* Fotolia/Steve Cukrov; *3* Fotolia/PhotoSG; *4* Fotolia/tania mattiello; *5* Fotolia/Africa Studio – **S.156:** Fotolia/sylv1rob1 – **S.157:** *1* Fotolia/monticellllo; *2* Fotolia/BillionPhotos.com; *3* Fotolia/Patryk Kosmider; *4* Fotolia/Kara; *5* Fotolia/Gina Sanders; *6* Fotolia/Fxquadro; *7* Fotolia/Africa Studio; *8* Fotolia/Erwin Wodicka – **S.158:** *oben* Fotolia/Halfpoint; *Hintergrund* Fotolia/Photocreo Bednarek – **S.161:** *links* Fotolia/cpdprints; *rechts* Shutterstock/riopatuca – **S.162:** *oben* Shutterstock/Poznyakov; *Mitte* Shutterstock/KingJC; *Hintergrund Briefmarke* Fotolia/pixelrobot; *unten* Shutterstock/g-stockstudio – **S.176:** *beide* Cornelsen/Sharon Adler – **S.177:** *Hintergrund links* Fotolia/ostap25; *Hintergrund rechts* Shutterstock/fiphoto – **S.182:** Fotolia/Minerva Studio – **S.183:** Shutterstock/Monkey Business Images – **S.187:** Fotolia/katerinchik.

Inhalt CD